未来を切り開く学力シリーズ

本多式 中学英語マスター
速読長文

中1〜中3

東京都・千代田区立九段中等教育学校教諭

本多敏幸
（ほんだとしゆき）

文藝春秋

推薦の言葉

　高校入試の英語の問題内容は根本的に変わりました。従来型の勉強のやり方では"絶対にうまくいかない"ことは、この本の「刊行によせて」を読めば直ちにわかるでしょう。
　しかも「英語の征服」は高校受験だけではなく、大学受験に対しても、決定的といっていいほどの比重を占める課題です。高校受験の中で正しい英語の勉強法を身につけることは成功のカギなのです。
　その意味でも、基礎篇としての『反復基礎』、応用篇としての『短文英単語』、そして読解一点にしぼった『速読長文』の三冊からなる「本多式中学英語マスター」は、間違いなく日本の英語教育にとって時代を画する問題集だといえます。
　これらを徹底して身に刻み込むようにしてトレーニングする。
　これがあなたの「未来を切り開く」ことになるでしょう。

　　　　　　小河学習館館長　大阪樟蔭女子大学講師　小河 勝（おごう まさる）

本多式中学英語マスターの見取り図

「未来を切り開く学力シリーズ　本多式中学英語マスター」は全3冊で、初めて英語にふれる小学5年生から高校入試の上位校レベルまで、家庭学習だけで到達できるように作られたシリーズです。下の図を参考に自分のレベルや目的に合った本から始めましょう。

反復基礎（小5〜中3）

対象	●小学5年生から（初めて英語を学ぶ人、英語が苦手な人） ●『短文英単語』を難しいと感じたすべての人
特長	●英語を初めて学ぶ人のために、すべての英語の基礎となる32の基本文を徹底反復 ●CDを聞いて、音読して、書いて覚える
身につく力	①アルファベットの読み書き ②短い英文を正しく聞きとるリスニング力 ③中1レベルの単語力 ④中1レベルの文法力 ⑤身の回りの出来事を英文で表現できるライティング力

↓

短文英単語（中1〜中3）

対象	●すべての中学生（日常学習から高校入試対策まで） ●やり直し英語の教材としても最適
特長	●入試によく出る300の英単語を180の短文にまとめた ●CDを聞いて、音読して、書いて覚える ●これ1冊で中学で学ぶ英語の学習事項は完璧に
身につく力	①高校入試で必要なほとんどすべての単語力 ②入試の聞き取り問題で満点がとれるリスニング力 ③スピーキング力の基礎となる音読力 ④入試の英作文問題に対応できるライティング力 ⑤中学で学ぶすべての文法事項を網羅した文法力

↓

速読長文（中1〜中3）

対象	●高校入試をひかえた中学生 ●長文読解が苦手な人
特長	●入試で必要な速読力を身につけるための唯一の問題集 ●20語程度のごく短い英文から500語レベルの入試長文まで、段階を追って無理なく学習できる
身につく力	①さまざまな形式の英文を読む力 ②英文を1分間に60語以上のスピードで読む力 ③長文の概略をつかむ力 ④探したい情報を長文の中からすばやく見つけ出す力 ⑤さまざまなタイプの設問に対応する力

> 未来を切り開く学力シリーズ　本多式 中学英語マスター　速読長文

刊行によせて

東京都・千代田区立九段中等教育学校教諭　本多敏幸(ほんだとしゆき)

　右に掲げたのは、2004年の東京都立高校の入試問題の一部（大問4問中の2問）です。

　大問3は約300語の対話文、大問4は約600語の回想文となっています。公立高校の入試の場合、リスニング問題の時間を引いた約40分間の試験時間で、1000語以上の英文を初見で読まなければなりません。

　どうですか。

「こんなに読まなければならないのか」

と感じたみなさんの感想は当然のことです。

　なぜならば、現在の検定英語教科書では中学3年生でさえ、教科書1ページあたりの語数は50語〜70語しかありません。つまり、1000語という英文量は、教科書の約半分、半年分の英文量に相当するのです。今の中学生は、学校で半年かけて学習する英文量を、入試においては、わずか40分間で読まなければならないことになります。

　ここに、現在の学習指導要領下の学校での英語学習と、入試で問われる英語力との大きなギャップがあるのです。

　この『未来を切り開く学力シリーズ　本多式 中学英語マスター　速読長文』は、そのギャップを埋めるために開発された教材です。

　設問を読む時間を考えれば、入試においては、だいたい1分間に60語のスピードで英文を読んでいく必要があります。これは教科書1ページを1分で読んでいくことと同じです。

　どうしたら、このような速さで英文を読んでいくことができるでしょうか。

　この『速読長文』では、ふたつのことを段階的に訓練していきます。

　　1．英文を日本語に訳して理解するのではなく、英文として把握する。
　　2．一気に最後まで読み通す。

現在の学校の授業では、教科書の1ページ60語の文章を指導する際、細かく区切って文法を説明しながら、ひとつひとつ日本語に訳していく方法が一般的です。ところが、これでは英文を速く読むことはできません。

　この『速読長文』では、文章を一気に読み通し、文章の大意を把握する練習と、文章中に書かれている情報を素早く見つけ出す練習を徹底して行います。文章を読むコツは、わからない語句があっても読み通してしまうことです。

　各レッスンの文章を読む際、「目標タイム」を設定しました。これは、途中で読むことが止まってしまわないように、つまり、最後まで読み通す習慣をつけるために設定したものです。

　レッスンが進むごとに、「目標タイム」は徐々に速く、文章も徐々に長くなっていきます。20語程度の英文から始まり、段階的に語数を多くして、最終的には500語程度の英文で練習をするようになっています。

　入試ではこの他に、自由英作文といって、英語で自分を表現する力を見る問題が必ず出題されますが、こちらのほうは、先に刊行した姉妹篇『短文英単語』をやりきることで、万全となります。

　『短文英単語』の前書きにも書きましたが、『速読長文』と『短文英単語』、このふたつの問題集さえやりきれば、公立高校の入試ではほぼ満点を、私立高校の入試でも合格基準点に達する力が必ずつきます。

　また、「英文を日本語に訳して理解するのではなく、英文として把握する」ことは、実は英語上達の近道です。中学英語のみならず、みなさんが高校、大学と進学し、社会に出てからも、大きな土台の力となることでしょう。

この本の使い方

この問題集の特長

① 入試で必要なスピードを養うために目標タイムを設定。英文を日本語に訳すのではなく、英文のまま理解し、一気に最後まで読み通すトレーニングを実現した。
② 20語程度のごく短い英文から500語レベルの入試長文まで、段階を追って無理なく学習できる。
③ 全体の意味を把握する練習と、長文の中から必要な情報を素早く見つける練習が同時にできる。

▼この本の流れ

第1章（Lesson 1～5）

長文読解の基本となる5つの文章形式について学びます。「対話文」「物語文」「スピーチ文」「手紙文」「説明文」の違いと特徴を押さえ、基礎的な読解力を養います（解答・解説は同じ見開きページに記載）。

第2章（Lesson 6～10）

50語～120語の短めの長文に取り組みます。長文読解に対するなれを養うために、『本多式 中学英語マスター 短文英単語』の英文をもとに新たなストーリーを作りました。目標タイム：1分間に40語が読む目安です。

第3章（Lesson 11～15）

150語～300語の少し長めの長文に取り組みます。実際の入試問題をベースに、設問を2つに絞り込んで（一部、新しく作りました）、解くスピードを重視してあります。目標タイム：1分間に50語が読む目安です。

第4章（Lesson 16～20）

入試によく出る400語～500語レベルの長文に取り組みます。実際の入試問題をベースに、さまざまなタイプの設問を組み合わせてあります（一部、新しく作りました）。目標タイム：1分間に60語が読む目安です。

▼各レッスンの構成

速読用長文問題

目標タイム
問題を解く目安の時間です（第1章は除く）。
第2章：1分間に40語
第3章：1分間に50語
第4章：1分間に60語
プラス設問1つあたり30秒

長文 その日に学習する長文問題です。レッスン1から徐々に長くなっていきます。

脚注
実際の入試問題でついていた「注」です（第3章以降。本文中では「*」で示してある）。問題を解く際の参考にしてください。

ここで紹介するのは「標準的な学習方法」です。どうしても目標タイム以内に読み終えることができないなど、個別のケースについては、巻末の「この本の使い方に関するQ&A」を参照してください。

▼ 1日の学習の流れ （第1章を除く）

（1日1題×20レッスン）

単語数
長文に収録されている単語数です。この単語数に応じて目標タイムを設定してあります。

問1 このメール文を読んでわかるのは次のどれか。
　ア　インドネシアの季節
　イ　インドネシアの日常生活
　ウ　日本の季節
　エ　日本の日常生活

　　　　　　　　　　　答え［　　　］

問2 Yanto が好きな季節は次のどれか。
　ア　rainy season
　イ　dry season
　ウ　summer season
　エ　winter season

　　　　　　　　　　　答え［　　　］

設問
長文の内容についての問いです。以下のタイプに分かれます（第2章と第3章のみ）。
　問1：全体の意味を把握する問題
　問2：長文の中から必要な情報を素早く見つける問題
　※第4章ではさまざまなタイプの設問を用意してあります。

側注
辞書を使わずにすむように、単語の意味を載せていますが、下敷きなどで隠して問題を解いてください（どうしても意味がわからないときだけ見る）。意味のわからない単語の意味を推測して問題を解く訓練です。

ステップ1：側注を隠して問題を解く
側注を隠して長文を最後まで読み通します。意味がわからなくても意味を推測しながら、とにかく「目標タイム」以内に設問を解き終えることが目標です。時計（ストップウォッチ）を用意して、時間を計って取り組みます。

ステップ2：側注を見てもう一度考える
側注を見ながら、長文の意味を確認します。ステップ1で読み取った内容に間違いがないか、ステップ1で出した答えに間違いがないか、もう一度考えます（時間を計る必要はありません）。

ステップ3：答え合わせをして確認する
巻末の「解答・解説篇」の該当ページを開いて、答え合わせをします。何行目のどの英文を見て答えを出すのか、各設問の解説をよく読んで理解します。長文の意味がよくわからなかった人は「日本語訳」を見てください。ざっと読んで頭に入れてから、もう一度長文を読み直します。

目次

『未来を切り開く学力シリーズ　本多式 中学英語マスター　速読長文』
刊行によせて 2

この本の使い方 4

第1章　5つの基本

Lesson 1　対話文 10

Lesson 2　物語文 12

Lesson 3　スピーチ文 14

Lesson 4　手紙文 16

Lesson 5　説明文 18

第2章　50語〜120語レベル

Lesson 6　**50語** レベル 22

Lesson 7　**70語** レベル 24

Lesson 8　**80語** レベル 26

Lesson 9　**100語** レベル 28

Lesson 10　**120語** レベル 30

第3章　150語〜300語レベル

Lesson 11　**150語** レベル（2003 青森・改題） 34

Lesson 12　**200語** レベル（2004 栃木・改題） 36

Lesson 13　**200語** レベル（2002 佐賀・後期・改題） 38

Lesson 14　**250語** レベル（2004 北海道・改題） 40

Lesson 15　**300語** レベル（2004 福岡・改題） 42

CONTENTS

第4章 400語〜500語レベル

- Lesson 16　**400語** レベル（2002 東京・改題） …………… 46
- Lesson 17　**400語** レベル（2002 秋田・改題） …………… 50
- Lesson 18　**450語** レベル（2003 宮崎・改題） …………… 54
- Lesson 19　**450語** レベル（2004 徳島・改題） …………… 58
- Lesson 20　**500語** レベル（2004 神奈川・改題） …………… 62

最終実力テスト

- ◉ 入試本番に向けてのアドバイス …………………………… 68
- テスト 1 （2003 東京） …………………………………………… 70
- テスト 2 （2004 都立戸山高等学校） ………………………… 74
- テスト 3 （2003 慶應義塾高等学校） ………………………… 80

解答・解説篇

- 第2章（Lesson 6〜10） ………………………………………… 86
- 第3章（Lesson 11〜15） ……………………………………… 91
- 第4章（Lesson 16〜20） ……………………………………… 99
- 最終実力テスト（テスト1〜3） ……………………………… 118

- この本の使い方に関するQ&A ………………………………… 134

第 1 章

5つの基本

Lesson 1 …… 対　話　文
Lesson 2 …… 物　語　文
Lesson 3 …… スピーチ文
Lesson 4 …… 手　紙　文
Lesson 5 …… 説　明　文

文章形式による違いを押さえる

　英語の長文問題には、一定のパターンがあります。第1章では、代表的な長文の文章形式を5つとりあげ（「対話文」「物語文」「スピーチ文」「手紙文」「説明文」）、それぞれの違いと特徴を学びます。

　この章の目的は問題を解くことではなく、長文読解の基礎をマスターすることです。そのため、問いは用意してありますが、解答・解説も同じ見開きページに載せてあります（第2章以降は、解答・解説は別のページに載せ、問題を解く目安の時間も設定してあります）。

　英文を読み、問いに答えたら、すぐに右ページにある「解答・解説」に目を通してください。それぞれの文章形式の違いと特徴を自分のものにするのが目的です。

Lesson 1 対話文

次のナンシーとマコトの対話文を読んで、あとの問いに答えなさい。

単語数 22語

Nancy: I like music. Do you like music, too?
Makoto: (1)Yes, I play the guitar. Do (2)you play anything?
Nancy: Yes. I play the piano.

guitar ギター
anything 何か
piano ピアノ

問1 (1)は、だれの発言か？

答え [　　　　　　]

問2 (2)の you は、だれを指すか？

答え [　　　　　　]

解答・解説

Lesson 1

問 1　マコト（Makoto）

解説　対話文では「だれが」「だれに対して」発言したのかを押さえること。「だれが」にあたるのが、セリフの左側にある「*Nancy :*」「*Makoto :*」という記号。(1) の左側には「*Makoto :*」とあるので、このセリフはマコトの発言だとわかる。

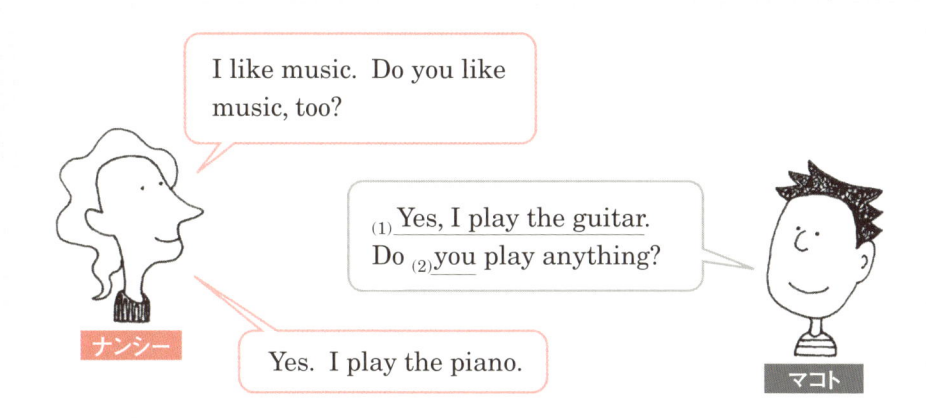

> ナンシー: I like music. Do you like music, too?
>
> マコト: (1) Yes, I play the guitar. Do (2) you play anything?
>
> ナンシー: Yes. I play the piano.

問 2　ナンシー（Nancy）

解説　イラストを見ればわかるように、(2) を含む文はマコトの発言なので、(2) の you（あなた）は目の前にいる話し相手、つまりナンシーになる。

日本語訳

> ナンシー：私は音楽が好き。あなたも音楽が好き？
> マコト：(1)うん、ぼくはギターを弾くんだ。(2)君は何か演奏する？
> ナンシー：ええ。私はピアノを弾くわ。

Lesson 2 物語文

次の Grasshopper（キリギリス）と Ants（アリ）の物語を読んで、あとの問いに答えなさい。

単語数 33語

One cold winter day, the Grasshopper said to the Ants, "Would you give me some food?" "(1)Why didn't you get food for the winter?" asked the Ants. "(2)I was always singing," he answered.

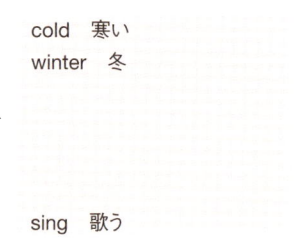

cold 寒い
winter 冬
sing 歌う

問1 (1)は、だれの発言か？

答え [　　　　　　]

問2 (2)は、だれの発言か？

答え [　　　　　　]

解答・解説

Lesson 2

問1　アリ（the Ants）

解説　物語文では、登場人物のセリフは " "（クォーテーション・マーク）で表す。「だれの」発言なのかは " " の前後で示される。(1) の " " のあとには asked the Ants とあるので、the Ants（アリ）の発言だとわかる（なお、" " のあとでは、「the Ants asked」⇔「asked the Ants」のように主語と動詞が入れかわることがある）。
　　　　　　　　　　　主語　　動詞　　動詞　　主語

Would you give me some food?

(1) Why didn't you get food for the winter?

(2) I was always singing.

キリギリス　　　　アリ

問2　キリギリス（the Grasshopper）

解説　(2) の " " のあとには he answered とあるので、he の発言だとわかる。he はそれより前に出てきた人を指すので、アリに話しかけた Grasshopper（キリギリス）が正解。

日本語訳

　ある寒い冬の日、キリギリスはアリに言いました。「ぼくに食べ物をくれないか？」「(1)どうして君は冬のために食べ物を手に入れておかなかったんだい？」とアリはたずねました。「(2)ぼくはいつも歌っていたんだ」と彼は答えました。

Lesson 3 スピーチ文

浩平がクラスで行ったスピーチ文を読んで、あとの問いに答えなさい。

単語数 51語

Hello, everyone. (1)I'm going to talk about my favorite sport. Do (2)you like baseball? I like playing baseball very much.

I started playing baseball when I was seven. My father taught me how to play it. At first, I didn't like playing baseball because my father was very strict with me.

favorite 大好きな

taught
　teach(教える)の過去形

strict with~ 〜にきびしい

問1 (1)のIは、だれを指すか？

答え [　　　　　　　]

問2 (2)のyouは、だれを指すか？

答え [　　　　　　　]

解答・解説

Lesson 3

問1 浩平

解説 スピーチ文では、I（私）は話し手（＝原稿の書き手）になる。

Hello, everyone. (1)I'm going to talk about my favorite sport. Do (2)you like baseball? I like playing baseball very much. （以下略）

問2 クラスメート（聞き手、聴衆）

解説 スピーチ文では、you は聞き手（聴衆）を表す。浩平はクラスの中でスピーチをしているので、you は聴衆である浩平のクラスメートを指す。

日本語訳

こんにちは、みなさん。(1)私は大好きなスポーツについて話します。(2)みなさんは野球が好きですか？ 私は野球をするのが大好きです。

私は7歳のとき、野球をし始めました。父が私に野球の仕方を教えてくれました。最初は、父が私にとてもきびしかったので、私は野球をするのが好きではありませんでした。

Lesson 4 手紙文

次の手紙文を読み、あとの問いに答えなさい。

単語数 59語

November 15, 2004

Dear Mrs. White,

　　Thank you very much for your letter inviting me to dinner on Saturday evening. I am very sorry that I will not be in Tokyo that day. I am going to visit my uncle in Nagano. I am looking forward to seeing you at your daughter's piano recital on December 20.

　　　　　　　　　　　　　　　　　　Yours,
　　　　　　　　　　　　　　　　　　Miwako

Dear~
　（手紙の冒頭で）～様
invite　招待する

uncle　おじ
am looking forward to~
　～を楽しみにしている
daughter　娘
recital　独奏会

問1 (1)のIは、だれを指すか？

答え [　　　　　　　]

問2 (2)のyouは、だれを指すか？

答え [　　　　　　　]

解答・解説   Lesson 4

問1　ミワコ（Miwako）

解説　手紙文では、最初の「Dear ○○」が手紙を受け取る人（＝手紙の読み手）、最後の署名が手紙を出す人（＝手紙の書き手）を表す。(1) の I（私）は手紙を書いた本人のことなので、手紙の最後に署名している Miwako（ミワコ）だとわかる。

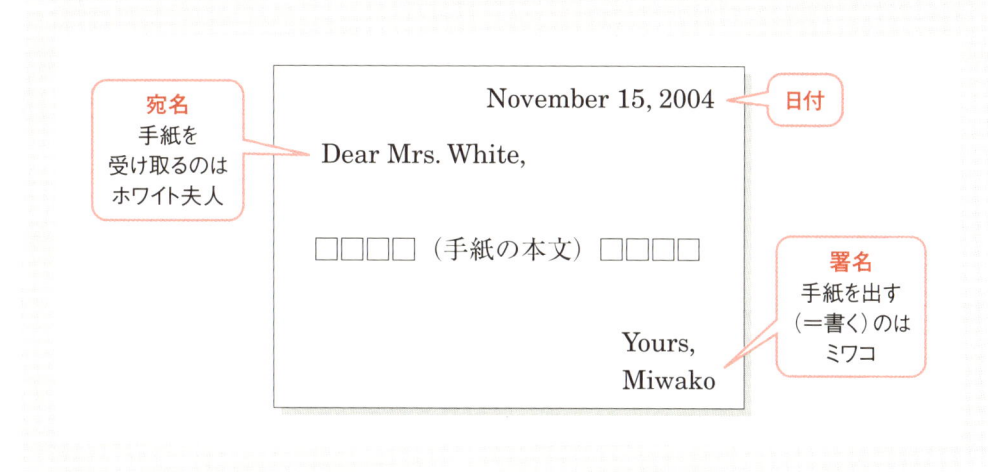

```
                            November 15, 2004   ← 日付
宛名 →  Dear Mrs. White,
手紙を
受け取るのは
ホワイト夫人
        □□□□（手紙の本文）□□□□
                                          署名
                                          手紙を出す
                                          （＝書く）のは
                                          ミワコ
                                     Yours,
                                     Miwako
```

問2　ホワイト夫人（Mrs. White）

解説　手紙文では、you（あなた）は手紙を受け取る人になる。手紙の最初に「Dear Mrs. White,」と宛名が書いてあるので、この you はホワイト夫人を指す。

日本語訳

> 　　　　　　　　　　　　　　　　　　　　　　　　　　　　　　　　2004年11月15日
>
> ホワイト様
> 　土曜日の晩に夕食に招待してくださるお手紙をいただき、本当にありがとうございます。残念ながら、私はその日、東京にはいません。長野のおじを訪ねるつもりです。12月20日の娘さんのピアノ・リサイタルでお会いできることを楽しみにしています。
> 　　　　　　　　　　　　　　　　　　　　　　　　　　　　　　　　　　　　ミワコより

Lesson 5 説明文

次の英文を読み、あとの問いに答えなさい。

単語数 77語

Volleyball is one of the most popular sports in the world. There are about 800 million people who play (1)it at least once a week.

Volleyball was invented by William G. Morgan in 1895. Morgan was working at YMCA as an instructor. He wanted to make a game for businessmen. At first he called the sport "mintonette," but a man who watched it said, "Volleyball is a better name for this sport." (2)He agreed with the man.

- volleyball バレーボール
- popular 人気のある
- million 100万
- at least 少なくとも
- once a week 週に1回
- invent 発明する
- instructor 指導者
- businessmen 会社員（businessmanの複数形）
- watch 見る
- agree with~ ～に同意する

問1 (1)の it は、何を指すか？

答え [　　　　　　　]

問2 (2)の He は、だれを指すか？

答え [　　　　　　　]

解答・解説

Lesson 5

問1 volleyball（バレーボール）

解説 it は前に出てきた「単数のもの」を表す。直前までの文の流れと、play のあとは「スポーツ」や「楽器」がくることが多いことから、ここでは volleyball だとわかる。

問2 William G. Morgan（ウィリアム・G・モーガン）

解説 He は前に出てきた「単数の男性」を表す。(2) より前の「単数の男性」は William G. Morgan と a man の2人。He agreed with the man.（彼はその男性の言うことに賛成した）から、He は a man ではないことがわかるため、William G. Morgan が正解。

日本語訳

　バレーボールは、世界で最も人気のあるスポーツの1つです。少なくとも週に1回 (1)それをしている人は約8億人います。

　バレーボールは1895年にウィリアム・G・モーガンによって発明されました。モーガンはYMCAで指導者として働いていました。彼は会社員のためにゲームを作りたかったのです。最初、彼はそのスポーツを「ミントネット」と呼んでいましたが、それを見た男の人は「このスポーツにはバレーボールのほうがよりよい名前だ」と言いました。(2)彼はその男の人に同意しました。

第2章

50語～120語レベル

Lesson 6 …… 50語レベル
Lesson 7 …… 70語レベル
Lesson 8 …… 80語レベル
Lesson 9 …… 100語レベル
Lesson 10 …… 120語レベル

短めの長文で「なれ」と「スピード」を養う

　いよいよ問題演習です。第2章では、『本多式 中学英語マスター 短文英単語』で学んだ英文を使って、新たなストーリーをつくりました。すでに『短文英単語』を学習した人は、スムーズに長文になじめるはずです。まだ学習していない人も、単語の意味を載せてあるので大丈夫です。

　1つの長文に対して問いは2つ、目標タイム（1分間に40語程度が目安）も設定してあります。長文を読み、問いに答えて、巻末の「解答・解説篇」で答え合わせをしてください。それぞれの問いのねらいは次のとおりです。

問1 問題文が全体として何についての文章なのかを把握するための設問です。答えが途中でわかっても最後まで読み続けてください。長文の概略をつかむ練習です。

問2 問題文の一部に焦点を当てた設問です。適切な答えを選択肢から選んでください。知りたい情報を素早く見つけ出す練習です。

Lesson 6 50語レベル

◯解答・解説は86ページ

翔太の書いた英文を読んで、あとの問いに答えなさい。

目標タイム 2分00秒　単語数 51語

1　I go to Hasunuma Junior High School.
　　It is not near my house.
　　It takes twenty minutes to walk there.
　　I usually leave home at eight ten and get to school
5　　　at eight thirty.
　　There are about three hundred students in my
　　　school.
　　I think that it is a good school.

junior high school　中学校

hundred　100

問1 何について書かれた文章か。

　　　ア　友だち　　イ　学校　　ウ　家族　　エ　趣味

答え [　　　　]

問2 翔太が学校に行くために家を出るのは何時か。

　　　ア　8時
　　　イ　8時10分
　　　ウ　8時20分
　　　エ　8時30分

答え [　　　　]

Lesson 7　70語レベル

○解答・解説は87ページ

次の対話文を読んで、あとの問いに答えなさい。

目標タイム 2分30秒　**単語数** 70語

1　*Kate :* It's going to be a nice spring day, isn't it?

　Shota : Yes, it is. I like spring the best because it's warm and the baseball season begins.

　Kate : You really are a big baseball fan, aren't you?

5　*Shota :* I am. Which season do you like the best, Kate?

　Kate : I like winter the best.

　Shota : Why?

　Kate : Because we can see beautiful stars at night.

　Shota : I see. In winter, even the air in Tokyo is clean.

spring　春

warm　暖かい
season　季節
fan　ファン

star　星
even~　~でさえ
air　空気

問1 2人の対話の中心的な話題は何か。

　　　ア　スポーツ
　　　イ　食べ物
　　　ウ　気候
　　　エ　季節

答え［　　　　］

問2 ケイトが一番好きな季節は次のどれか。

　　　ア　春　　　イ　夏　　　ウ　秋　　　エ　冬

答え［　　　　］

Lesson 8 80語レベル

次の対話文を読んで、あとの問いに答えなさい。

目標タイム 3分00秒　**単語数** 78語

1　A: May I help you?
　　B: Yes, please. I'm looking for a bag for my mother.
　　A: How about this bag? It has large pockets on both sides.
5　B: I like the style, but it is too big for her. Do you have a smaller size?
　　A: Yes, but the color is different. What color do you want?
　　B: Brown or gray.
10　A: Then you'll like this bag. It's brown.
　　B: Oh, yes. How much is it?
　　A: It's fifty dollars.
　　B: OK. I'll take it.
　　A: Thank you.

look for ~　~を探す
large　大きな
side　側
style　型、スタイル
size　サイズ
color　色
dollar　ドル

問1 この対話に出てくるAはどんな人物か。

　　　ア　ウェイター
　　　イ　お客
　　　ウ　店員
　　　エ　医師

答え [　　　　　]

問2 Bが買ったのは次のうちのどれか。

　　　ア　両側にポケットのついた茶色のかばん
　　　イ　両側にポケットのついた灰色のかばん
　　　ウ　片側にポケットのついた茶色のかばん
　　　エ　片側にポケットのついた灰色のかばん

答え [　　　　　]

Lesson 9 100語レベル

○解答・解説は89ページ

翔太の書いた英文を読んで、あとの問いに答えなさい。

目標タイム 3分30秒　**単語数** 103語

My favorite sport is soccer. I started playing soccer when I was six. Now I am on the school soccer team. Our team has four practices a week. The practices are very hard, but it is fun for me to play soccer with my friends. I sometimes play soccer with my brother in the park, too.

I am also interested in cooking. I am learning how to cook from my mother. I think my mother is the best cook in my family. Yesterday I made dinner for my family. I thought it was good.

Playing soccer and cooking are really interesting to me.

favorite 大好きな

team チーム
practice 練習
fun 楽しい

brother 兄弟

問1 この文章に題名をつけるとすれば次のどれか。

　　　ア　母親
　　　イ　スポーツと私
　　　ウ　私の夢
　　　エ　好きなこと

　　　　　　　　　　　　　　　　　　　　　　答え［　　　　　］

問2 翔太の入っているチームは週に何回練習しているか。

　　　ア　1回　　　　イ　4回　　　　ウ　6回　　　　エ　毎日

　　　　　　　　　　　　　　　　　　　　　　答え［　　　　　］

Lesson 10 120語レベル

○解答・解説は90ページ

翔太の書いた英文を読んで、あとの問いに答えなさい。

目標タイム 4分00秒　単語数 121語

1　　We had our school festival yesterday. Our class studied the main problems which we now have on Earth. We made five groups, and each group spoke about different problems at the festival. My group
5　studied animals living in the forests. Many kinds of animals are dying out because of these two reasons.
　　First, people are cutting down lots of trees.
　　Second, people are killing animals to get money.
　　For example, there were about 100,000 tigers a
10　hundred years ago, but now, there are only 5,000 tigers. I hear some people are killing tigers to make medicine. On the Internet, I found that some people are trying to protect tigers.
　　I believe everyone needs to do something to
15　protect nature and animals.

school festival　文化祭
main problem　主な問題
Earth　地球
group　グループ

animal　動物
forest　森
die out　絶滅する
　（dying は die の ing 形）
reason　理由
cut down　切り倒す
kill　殺す
money　お金
tiger　トラ

hundred　100

medicine　薬
Internet　インターネット
protect　保護する

believe　信じる

nature　自然

問1 この文章に題名をつけるとすれば次のどれか。

　　　ア　クラスで起こっている問題
　　　イ　文化祭で調べたこと
　　　ウ　森林破壊
　　　エ　生活のために動物を殺すこと

答え［　　　　　　］

問2 翔太がインターネットで知ったことは何か。

　　　ア　人々が木を切り倒していること
　　　イ　トラの数が減っていること
　　　ウ　薬を作るためにトラを殺していること
　　　エ　トラを守ろうとしている人々がいること

答え［　　　　　　］

第 3 章

150語〜300語レベル

Lesson 11 …… 150語レベル (2003 青森・改題)

Lesson 12 …… 200語レベル (2004 栃木・改題)

Lesson 13 …… 200語レベル (2002 佐賀・後期・改題)

Lesson 14 …… 250語レベル (2004 北海道・改題)

Lesson 15 …… 300語レベル (2004 福岡・改題)

実際の入試問題（中くらいの長さの長文）に挑戦！

　少し長文になれてきたみなさんに、今度は過去の入試問題に取り組んでもらいます（設問は一部変えてあります）。長文の長さは第2章より少し長めの150語〜300語レベル。目標タイムも少し速めに設定して1分間に50語程度を目安に読み進めていきます。

　1つの長文に対して問いは2つ、というのは第2章と同じです。長文を読み、問いに答えて、巻末の「解答・解説篇」で答え合わせをしてください。

問1 問題文が全体として何についての文章なのかを把握するための設問です。答えが途中でわかっても最後まで読み続けてください。長文の概略をつかむ練習です。

問2 問題文の一部に焦点を当てた設問です。適切な答えを選択肢から選んでください。知りたい情報を素早く見つけ出す練習です。

Lesson 11 150語レベル

●解答・解説は91ページ

次のメール文を読んで、あとの問いに答えなさい。

(2003 青森・改題)

目標タイム 4分00秒　単語数 156語

1　Hi, Ayaka,

　Thank you for sending me the pictures of Aomori. I really like them. The white mountains and trees are very beautiful.

5　　As you know it is very hot in Indonesia. We have only two seasons, *the rainy season and *the dry season. The rainy season is from November to April, and the dry season is from May to October. It is cooler *during the rainy season, so I like the rainy season better. We don't
10 have winter, and we don't have snow here. So I have never seen snow. But someday I want to make a *snowman!

　Having four seasons sounds wonderful. What season do you like the best? Do you have a rainy season in
15 Japan? If you do, when does your rainy season begin?

　Do you like winter? How do you spend your winter days? Could you write to me about your winter life?

　Please write to me soon.

　　　　　　　　　　　　　　　　Your friend,
20　　　　　　　　　　　　　　　　Yanto

(注) the rainy season：雨季・梅雨　　the dry season：乾季
　　 during：〜の間　　snowman：雪だるま

mountain　山

Indonesia　インドネシア

cooler
　cool（涼しい）の比較級

winter　冬
snow　雪

sound　聞こえる

spend　過ごす

問1 このメール文を読んでわかるのは次のどれか。

　　ア　インドネシアの季節
　　イ　インドネシアの日常生活
　　ウ　日本の季節
　　エ　日本の日常生活

　　　　　　　　　　　　　　　　　　　　　　　　　　　答え [　　　　　]

問2 Yanto が好きな季節は次のどれか。

　　ア　rainy season
　　イ　dry season
　　ウ　summer season
　　エ　winter season

　　　　　　　　　　　　　　　　　　　　　　　　　　　答え [　　　　　]

Lesson 12 200語レベル

解答・解説は92ページ

次の校内ニュースの原稿を読んで、あとの問いに答えなさい。

(2004 栃木・改題)

目標タイム 5分00秒　単語数 201語

1　　Hello, everyone. It's 12:30 on Tuesday, January 20th. This is the Lincoln High School Lunchtime News. I'm Bob Brown with some interesting news.

　　First, we have ten high school students and two
5　teachers from Japan visiting our school. They came to our town on Sunday, January 18th. They have spent two nights at our students' homes. When they came to our school yesterday, I talked with them. One of the Japanese students said they were here to study English and to learn
10　about American life. They introduced some traditional Japanese games, sports, and songs to us. I tried some of the games. I thought they were difficult but exciting. The Japanese group will visit our classes and walk around the town this week.

15　　Next, sports news. Our baseball team now has a new player, Mark White. He is from Canada. He is a very good catcher, and he runs very fast. I hope our baseball team will be stronger this year.

　　The last news for today is the weather. It is cloudy
20　now, but it will be rainy this evening. The weather will change during the night, and we will have snow tomorrow morning. Be careful when you come to school.

---

spent
　spend（過ごす）の過去分詞

introduce　紹介する
traditional　伝統的な
song　歌

exciting　わくわくする

group　グループ

team　チーム
player　選手
catcher　キャッチャー
run　走る
stronger
　strong（強い）の比較級
weather　天気
cloudy　くもりの
rainy　雨の

change　変わる
snow　雪
careful　注意深い

問1 伝えられたニュースはいくつあるか。

　　　　ア　1　　　イ　2　　　ウ　3　　　エ　4

　　　　　　　　　　　　　　　　　　　　答え［　　　　　　　］

問2 日本の高校生はリンカーン高校に何の目的で来たか。

　　　ア　野球の試合をするため
　　　イ　日本の伝統的な遊びや歌を紹介するため
　　　ウ　アメリカの生活を学ぶため
　　　エ　リンカーン高校に留学するため

　　　　　　　　　　　　　　　　　　　　答え［　　　　　　　］

Lesson 13 200語レベル

○解答・解説は93ページ

次の対話文を読んで、あとの問いに答えなさい。

（2002 佐賀・後期・改題）

目標タイム 5分30秒 **単語数** 220語

1 *Jane :* What a wonderful song! I've heard it before. Do you know it, Keiko?

   Keiko : Yes, it's a popular Japanese song.

   Jane : Where is it coming from?

5 *Keiko :* It's coming from a mobile phone. Look! That man is talking*on his phone.

   Jane : Oh, I see.

   Keiko : Now a lot of Japanese people have a mobile phone. Mobile phones are not so *expensive in Japan now.

10   How about in your country?

   Jane : Mobile phones are popular in my country, too. They are very useful.

   Keiko : That's right. Mobile phones are so small that we can carry them.

15 *Jane :* But mobile phones cause some problems in my country. For example, some car *accidents have happened because many people driving a car use a mobile phone. That's very *dangerous.

   Keiko : That's a problem in Japan, too. Some people talk

20 *loudly on the phone on the train or bus, and they don't think about the other people around them.

   Jane : That's true. And if you use a mobile phone near

---

song 歌

popular 人気のある

useful 役に立つ

carry 持ち運ぶ

cause 引き起こす
problem 問題

happen 起きる
drive 運転する

machines, some of them have troubles.

Keiko : Well, mobile phones have both good *points and bad points, don't they?

Jane : Yes, they do. We really need to think about others when we use our mobile phones.

Keiko : I think so, too.

Jane : Listen! Another phone is *ringing.

Keiko : No. This music is not from a mobile phone. It's from those *traffic lights. Let's run before they change to red.

machine 機械
trouble 故障

run 走る
change 変わる

(注) on his phone：電話で　　expensive：高価な　　accident(s)：事故
dangerous：危険な　　loudly：大声で　　point(s)：点
ring(ing)：鳴る　　traffic lights：信号

問1 この対話の話題は何か。

　　ア　音楽　　イ　交通　　ウ　携帯電話　　エ　車の運転

答え [　　　　]

問2 ジェーンとケイコが現在いる場所はどこか。

　　ア　コンサート会場
　　イ　電車の中
　　ウ　バスの中
　　エ　交差点

答え [　　　　]

Lesson 14 250語レベル

○解答・解説は95ページ

次の英文はマイ（Mai）のクラスが、賛成派と反対派に分かれて行った討論会の一部である。これを読んで、あとの問いに答えなさい。

（2004 北海道・改題）

目標タイム 6分30秒　単語数 272語

1　Teacher: First, Team A will give their speech.
　　Mai (Team A): We think wild animals are happier than animals in a zoo. The first *reason is that wild animals are free. Wild animals can go
5　　anywhere they want. How about animals in a zoo? They must live only in small places or in *cages. The second reason is that wild animals can become stronger. They *sharpen their wild instincts through getting food to live, but
10　animals in a zoo can't do that. They *have no difficulty in getting food. So they can't become stronger.
　　Teacher: Next, Team B, please give your speech.
　　Ken (Team B): Yes. We don't think wild animals are happier
15　than animals in a zoo, because animals in a zoo can live more *safely than wild animals. In *nature, wild animals are sometimes *killed by other *predatory animals or *poachers, but in a zoo there are no other predatory animals or
20　poachers. And wild animals often can't get enough food. This is a big problem for them. Animals in a zoo get enough food from the people who work there. Animals in a zoo can live longer than wild animals. So, they are

team　チーム
speech　スピーチ
wild　野生の

zoo　動物園

free　自由な

anywhere　どこでも

must　なければならない

stronger
　strong（強い）の比較級
through~　～を通じて

enough　十分な
problem　問題

25　　　　　　　happier than wild animals.
　　Teacher : Now, Team B, please ask Team A some questions.
　Aki (Team B) : You said, "Wild animals sharpen their wild instincts through getting food." Can they
30　　　　　　　always get food?
　Mai (Team A) : No, they can't. It isn't easy for them to get food. But we think they can become stronger through getting food.
　Aki (Team B) : Which do wild animals need more, to be free or
35　　　　　　　to get enough food?
　Mai (Team A) : We think they need both. Because to be free and to get enough food are both important for their happiness.

both　両方

（注）reason：理由　　　cage(s)：おり
　　　sharpen their wild instincts：野生の本能をとぎすませる
　　　have no difficulty in ～：～に苦労しない　　safely：安全に
　　　nature：自然　　　kill：殺す　　　predatory animals：肉食動物
　　　poachers：密猟者

問1 この討論のテーマは何か。

　　ア　野生の動物は動物園の動物より自由である
　　イ　野生の動物は動物園の動物より幸せである
　　ウ　動物園の動物は野生の動物より長生きする
　　エ　動物園の動物は野生の動物より食糧に困らない

答え [　　　　　]

問2 次の内容を述べている人物はだれか。

　　十分な食糧を得ることができないのは、野生の動物にとって大問題である。

　　ア　Teacher　　イ　Mai　　ウ　Ken　　エ　Aki

答え [　　　　　]

Lesson 15 300語レベル

○解答・解説は97ページ

次のサユリの日記文を読んで、あとの問いに答えなさい。

(2004 福岡・改題)

目標タイム 7分00秒　単語数 307語

Thursday, October 16

This morning I went to *Asagao* *Kindergarten at 9:00 with my friend Tomoko. There were 18 children in our class. It was difficult to take care of them, but it was fun. The children were all cute, and Tomoko and I enjoyed talking and singing with them. The children also looked happy when they were singing their favorite songs.

In the afternoon the children gave us pictures of our faces. I said to them, "Thank you for your nice presents. We like your pictures! We are happy, but sad. We want to play with you tomorrow, but we can't. We hope we can see you again." And at 2:00 the children said goodbye to their friends, their teacher, and us.

*On our way home, Tomoko and I talked about our *experience at the kindergarten. Tomoko said, "I really enjoyed working there. When I was reading a book to the children, they were smiling and listening to me. I think it's wonderful to do things for other people. Today I learned an important thing." I agreed.

At home I told my family about my experience at the kindergarten. I showed them the pictures from the children. My parents wanted to know about my

---

take care of~　~を世話する
fun　楽しい
cute　かわいい

sing　歌う

favorite　大好きな
song　歌

face　顔
present　プレゼント
sad　悲しい

say goodbye to~
　~にさよならを言う

smile　笑う

agree　同意する

experience at the kindergarten and asked many questions about it. My mother said, "I'm glad to know you had a very good time."

I think my experience at the kindergarten has changed me. People usually work to make *themselves happy. That was my idea about work. But now I have a new idea. We should also work to make other people happy.

Today I've found my dream. I want to work to help other people in the future, but what can I do? I will study a lot and find the *answer. I have just started a new trip to the future.

glad　うれしい

change　変える

dream　夢
future　将来、未来

（注）kindergarten：幼稚園　　on our way home：帰る途中
　　　experience：経験　　　　themselves：自分自身を　　answer：答え

問1 サユリはこの日記で主に何について書いたのか。

　　ア　職場体験　　イ　将来の夢　　ウ　幼児期の思い出　　エ　友だち

答え [　　　　　]

問2 サユリは「今は新しい考えがある」と書いているが、その考えとは何か。

　　ア　将来、幼稚園で働きたい
　　イ　人は自分を幸せにするために働く
　　ウ　人は他人を幸せにするために働く
　　エ　勉強をたくさんして自分が何をできるのか見つけたい

答え [　　　　　]

第4章

400語〜500語レベル

Lesson **16** …… 400語レベル (2002 東京・改題)

Lesson **17** …… 400語レベル (2002 秋田・改題)

Lesson **18** …… 450語レベル (2003 宮崎・改題)

Lesson **19** …… 450語レベル (2004 徳島・改題)

Lesson **20** …… 500語レベル (2004 神奈川・改題)

公立入試で主流の400語〜500語レベルの長文に挑戦!

　公立高校入試の長文問題は400語〜500語前後が主流となっています。このレベルの長文を一定のスピードで読み、すばやく問題を解けるようになることが、この章の目的です。

　目標タイムは、第3章よりさらに速めの1分間に60語程度に設定しました。また、実際の入試問題を想定して、さまざまなタイプの設問も用意してあります（過去の入試問題を分析して、よく問われる設問形式ばかりを集めてあります）。時間を区切ってトレーニングを積むことで、入試本番で必要となる読解のスピードと、設問タイプ別の取り組み方が身につきます。

Lesson 16 400語レベル

○解答・解説は99ページ

次の対話文を読んで、あとの問いに答えなさい。

（2002 東京・改題）

[目標タイム] 8分00秒　[単語数] 384語

1　　　Hiroshi, Osamu, and Keiko invite Dick to their *tea ceremony club. Dick is a high school student from London. He is going to stay in Tokyo for a few days.

invite　招待する

for a few days　数日間

5　*Hiroshi*: Look at the green tea in this cup, Dick. I made it very carefully.

green tea　緑茶
cup　茶碗
carefully　注意深く

Osamu: And look at the cup, Dick. A small picture is drawn here. This is the front of the cup.

drawn
　draw（描く）の過去分詞
front　前、正面

Dick: I see.

10　*Hiroshi*: Now, I put the cup in front of you. The front of the cup *faces you.

put　置く

Osamu: Hold the cup and turn it a little.

hold　持つ
turn　回す
slowly　ゆっくり

Keiko: I'll show you how to do that, Dick. I'll do it slowly. I hold the cup and turn it like this.

15　*Dick*: OK. <u>I'll try.</u>
　　　　　　　(1)

Hiroshi: Now, please drink the tea.

drink　飲む

Osamu: First, drink some, then drink some more, and then drink the *rest.

Keiko: Look at me, Dick. First, I drink some like this.

20　Then I drink some more. And then I drink the rest.

Dick: All right. Mmm..., it *tastes good.

Mrs. Sato, the teacher of the club, comes.

Mrs. Sato: Are you enjoying the *chanoyu*, Dick?

Dick: Yes. It's interesting.

Mrs. Sato: If you have any questions, please ask us.

Dick: Thank you. I have some questions. Why do you turn the cup?

Keiko: Because we shouldn't put our mouths on the front of the cup. The front is the most important part of the cup.

mouth　口
part　部分

Dick: Oh, I see. And, why do you drink the tea *little by little?

Hiroshi: We do that to show our thanks to the person who made it.

person　人

Dick: Oh, that's wonderful.

Hiroshi: In this club we learn how to drink tea. Through the *chanoyu*, we also learn to be....

Dick: *Considerate of other people?

Hiroshi: Right! We also learn to be considerate of other people.

Osamu: Look at that thing on the wall, Dick. It is called a *kakejiku*.

wall　壁

Dick: Something is written on it. What does it say?

Osamu: *Ichigo-ichie.

Dick: *Ichigo-ichie*?

Osamu: *Ichigo* means one life. *Ichie* means one chance. And.... Well,.... (2)Do you understand?

chance　機会

Dick: Well,.... I understand each word, but....

Mrs. Sato: It's not easy to explain *ichigo-ichie*. *Ichigo-ichie* means that you should *value each chance in your life. For example, we have met here now. But we (3) may not have such a chance again. So we should value this chance and should be very considerate of each other. That's my understanding of *ichigo-ichie*.

Dick: Oh, I see. I'll value the good time I had with you today.

explain　説明する

such　そのような

understanding　理解

(注)　tea ceremony：茶の湯、茶道　　face 〜：〜の方を向いている
　　　rest：残り　　　　　　　　　　taste：味がする
　　　little by little：少しずつ　　　considerate of 〜：〜に心づかいをして
　　　ichigo-ichie：一期一会　　　　value：大切に思う

問1 この会話が行われた場所の様子は次のどれか。

ア　茶道部の部室で、壁には「一期一会」と書かれた掛け軸が掛かっている
イ　茶道部の部室で、茶碗に「一期一会」と書かれている
ウ　佐藤先生の家で、壁には「一期一会」と書かれた掛け軸が掛かっている
エ　佐藤先生の家で、茶碗に「一期一会」と書かれている

答え　[　　　　　]

問2 下線部 (1) 〜 (3) の内容を、それぞれ次のように語句を補って書き表すとすれば、(　　) の中にどのような1語を入れるのがよいか。

(1) I'll try to hold the cup and (　　　　　) it a little.

(2) Do you understand (　　　　　) *ichigo-ichie* means?

(3) But we may not have another chance to (　　　　　).

問3 次の英文を、本文の流れにそって並べかえなさい。

ア　Dick asked a question about drinking the tea little by little.
イ　Dick asked a question about turning the cup.
ウ　Dick said he would value the good time with Mrs. Sato and her students.
エ　Dick drank the tea and said the *chanoyu* was interesting.

答え　[　　　] → [　　　] → [　　　] → [　　　]

Lesson 17 400語レベル

◯解答・解説は103ページ

高校生のベス（Beth）がサンタ・クロース（Santa Claus）の思い出について述べている次の文を読んで、あとの問いに答えなさい。

（2002 秋田・改題）

目標タイム 8分30秒　**単語数** 411語

It was five years ago, but I still remember that *Christmas day. Before that day, I believed Santa Claus lived in this world. I believed (1)＿＿ so because he gave me a nice *present every year and my parents always said, "Santa comes because he loves you." But on that day, I understood there was no Santa. I was not sad to know (2)＿＿ that, but I was very happy.

　I joined a *photo club when I entered junior high school, but I didn't have my own camera. My friend had a nice camera and said to me, "Why don't you ask your father to buy you a camera?" I felt a little sad to hear that. I knew my family was not rich. Also, I just wanted to stay away from my father. So I didn't ask him. I didn't know why I was like that. I talked with my mother a lot, but not with him. I knew it was not a good thing for me and my father. On Christmas *Eve, I wrote this letter:

"Dear Santa,
　I'm afraid you won't come this year because I don't think you love me. I'm a bad girl because I stay away from

---

still　まだ
believe　信じている

sad　悲しい

join　参加する
enter　入学する
junior high school　中学校
own　自身の
camera　カメラ

rich　お金持ちの

away from~　〜から離れて

Dear~　（手紙の冒頭で）〜様
afraid　心配して
bad　悪い

my father. I don't know why I'm like that. I want to change myself, but I can't. I feel it's like winter staying in my heart and spring will never come.

                                                Beth"

The next day, I found a present with this card:

"Dear Beth,

I know you are a good girl. I want you to know winter never stays in the same place. I always love you, Beth.

                                                Santa Claus"

I was very happy to get the kind words and the present, I opened the box and found a camera. "Oh, Santa! How did you know I wanted a camera?" I was so happy that I began to dance with it. Then, a small piece of paper *fell from it. I picked up the paper and found something on it — the name of a store in my town and my father's name. It was a *warranty card for the camera my father bought.

After a few minutes, I understood everything. I understood my father always thought of me. I also remembered his eyes were always warm when he looked at me. I said in a small *voice, "I found another Santa who loves me most. I feel my winter is leaving and spring is coming. I love you, my Santa."

(注) Christmas：クリスマス　present：プレゼント　photo：写真
　　 eve：前日　　　　　　　fell：fallの過去形
　　 warranty card：（製品などの）保証書　　voice：声

問 1 ベスの話の内容を表す表題として、最も適当なものはどれか。

ア　Spring — Santa's Other Present
イ　Camera — The Thing I Bought
ウ　Santa — Someone I Don't Like
エ　Love — Something Santa Lost

答え [　　　　]

問 2 ベスが述べた思い出の出来事をアに続けて古いものから順番に並べかえなさい。

ア　I believed Santa Claus lived in this world.

イ　Santa gave me a camera with a warranty card.

ウ　I understood that my father was Santa Claus.

エ　I entered junior high school and joined a photo club.

オ　I wrote in a letter to Santa, "It's like winter staying in my heart."

答え　ア→ [　　] → [　　] → [　　] → [　　]

問 3 下線部 (1)、(2) を表す語句を本文中より書き抜きなさい。

(1) _____

(2) _____

1 5つの基本	1 2 3 4 5
2 50語〜120語レベル	6 7 8 9 10
3 150語〜300語レベル	11 12 13 14 15
4 400語〜500語レベル	16 **17** 18 19 20
アドバイス 最終実力テスト	1 2 3

Lesson 18 450語レベル

次の幸司（Koji）が英語の時間にスピーチをしたときの原稿を読んで、あとの問いに答えなさい。

（2003 宮崎・改題）

目標タイム 9分00秒　**単語数** 433語

Today, I will tell you about an experience I had this spring.

Both my father and mother work, and they are very busy every day. My sister also works. Now, we all help each other with the housework. But, till this spring, I didn't do anything to help them. When my family shared the housework, I stayed in my room and listened to my favorite music.

This spring, my mother got sick and had to stay in the hospital for about a month. My father and sister became busier because they had more work to do at home. They looked very *tired. My sister wanted me to help them, but I did nothing.

One Sunday, we went to the hospital and visited my mother. My father and sister went to the hospital shop to buy something my mother needed. At that time, my mother said to me, "Koji, thank you for coming today. You are feeling lonely, aren't you? I miss you. I would like to go home, but I can't. I'm afraid your father and sister are very tired. Are you helping them with the housework?" I said, "No." Then, she said, "We are a family of four. It is very important for us to help each other. Your father and

---

experience　経験

spring　春

both　両方

busy　忙しい

housework　家事
till　まで
not 〜 anything　何も〜ない
share　分担する

favorite　大好きな

sick　病気の

hospital　病院

nothing　何もない

hospital shop　病院の売店

lonely　さみしい
miss〜　〜がいなくてさみしい
afraid　心配して

sister need your help now. I'm sure you know what to do at home." Her eyes were full of tears.

From that day, I began to help my father and sister with the housework. I began to wash the dishes after dinner with my sister. I also started to clean the *bathroom. Sometimes I helped my father and sister to prepare dinner. They looked happy when I helped them. I began to spend more time talking with them. We talked about many things, such as their work, my school, and the future. I understood them better through the conversations with them. I was busy, but I was glad when I saw their happy faces.

After a month, my mother came back home from the hospital. All of us felt happy. She said to me, "I know you have helped your father and sister a lot. Thank you very much for sharing the housework with them. We are very happy because you have learned you are an important member of the family." I was proud of myself.

This experience has changed me, and I have learned an important thing. Helping other people makes me happy. It also makes them happy, of course.

Now I am sharing the housework and enjoying conversations with my family.

I would like to ask you a question. [   ]

(注) tired：疲れた   bathroom：浴室、風呂

問1 スピーチの最後の [   ] にふさわしい質問は次のどれか。

ア　What is your favorite music?
イ　Has your mother ever stayed in a hospital?
ウ　What did you enjoy during the spring vacation?
エ　Are you helping your family with the housework?

答え [   ]

問2 本文の内容から、次の (1) ～ (3) の質問の答えとして最も適切なものを、それぞれ1つ選びなさい。

(1) What did Koji's mother want him to do when she was in the hospital?

ア　She wanted him to share the housework with his father and sister.
イ　She wanted him to study harder in his room.
ウ　She wanted him to listen to many types of music.
エ　She wanted him to go shopping with his father and sister.

(2) Why could Koji understand his father and sister better?

ア　Because he felt lonely without his mother.
イ　Because he talked with them more than before.
ウ　Because they told him about their favorite music.
エ　Because they cooked his dinner every day.

(3) Koji became busy, but he felt happy. What made him happy?

ア　His favorite music.
イ　The dinner his father prepared.
ウ　Cooking breakfast every day.
エ　The happy faces of his father and sister.

(1) [   ]　(2) [   ]　(3) [   ]

問3 本文の内容に合っているものを次の中から3つ選びなさい。

ア　There are five people in Koji's family.
イ　Koji's mother is a nurse at a hospital.
ウ　Koji didn't do any housework before he talked with his mother at the hospital.
エ　Koji's mother worried about the family when she was in the hospital.
オ　Koji's sister cleans the bathroom every day.
カ　Koji has not helped his family with the housework since this spring.
キ　Koji's father usually goes shopping for dinner on his way home.
ク　Koji is doing some housework to help his family now.

答え [　　　] [　　　] [　　　]

Lesson 19 450語レベル

○解答・解説は110ページ

次の英文は、中学生の健太が久美子とともに公民館 (the community center) で行われている週末の活動 (the weekend activities) に参加したことについて書いたものである。これを読んで、あとの問いに答えなさい。

(2004 徳島・改題)

目標タイム 9分00秒　**単語数** 449語

One Friday afternoon, I was talking with Kumiko in the classroom. Kumiko said, "There are many activities at the community center every Saturday. I am going to listen to *folk tales tomorrow. Will you come with me?" I said, "OK. *That sounds interesting."

The next day, Kumiko and I went to the community center. A *staff member welcomed us. His name was Mr. Sato. Many children were there, and an old man told us some folk tales. It was my first time to hear these folk tales. Kumiko said, "The folk tales are very interesting. I want to listen to more." I said, "I didn't know there were so many folk tales about our town. I can learn a lot of useful things from them." Mr. Sato said, "Thank you for coming. I hope more junior high school students will *take part in the weekend activities." So that next week, ①Kumiko and I told our *classmates about the activities, and some of them were interested and said, "I want to go next time."

The next weekend, some *elderly people came to the community center and taught us how to make *toys. We used things around us and made many toys. It was hard

classroom　教室

welcome　歓迎する

useful　役に立つ
junior high school　中学校

for some children to make toys *by themselves, so Kumiko and I helped them. They said, "②Thank you very much. Let's play with the toys together." We were very glad to hear that. An old woman said, "When I was a child, children of different ages played together and older children took care of younger children." Another old woman said, "When I was a child, there were not so many toys. So we used things around us and enjoyed playing with them." I said, "Now we have many toys, but it is a lot of fun to make toys with my own hands."

We also took part in *outdoor activities. We walked *along the river near the community center. I found some *flowers by the river, but I didn't know their names. I also saw some fish. Mr. Sato said, "There were no fish in this river some years ago because it was very *dirty. People in the town cleaned the river, so we can see some fish now. If the river becomes cleaner, more fish will come back." Kumiko said, "I'll help to clean the river because I want to see more fish." I said, "I think we should be more interested in our *environment." Mr. Sato smiled and said, "③You have noticed a very important thing."

Some months have passed since I first took part in the weekend activities at the community center. Through the activities I have *met many people, and I have _____.

(注) folk tale：民話　　That sounds interesting.：おもしろそうだね。
　　 staff member：職員　take part in 〜：〜に参加する
　　 classmate：クラスメート　elderly people：お年寄り　toy：おもちゃ
　　 by themselves：自分で　outdoor：野外の
　　 along 〜：〜に沿って　flower：花　　dirty：汚れた
　　 environment：環境　met：meetの過去分詞形

問1 最後の_____に適する語句を選びなさい。

ア　taken care of many old people
イ　learned a lot of things
ウ　caught a lot of fish
エ　read many folk tales

答え [　　　　　　　]

問2 次の問いに対する答えを、それぞれ（　）内の語数の英語で書きなさい。

(1) Are there many activities at the community center every Saturday? (3語)

_____

(2) Who told the folk tales at the community center? (4語)

_____

(3) What did Kenta find by the river? (4語)

_____

問3 次の質問に対する答えを、それぞれ30字以内の日本語で書きなさい。

(1) 下線部①で、久美子と健太がクラスメートに話をしたのは、彼らにどうしてほしかったからか。

(2) 下線部②で、お礼を言われたのはなぜか。

(3) 下線部③で、「とても大切なことに気がつきましたね」とあるが、健太が気づいた「大切なこと」とはどういうことか。

Lesson 20 500語レベル

○解答・解説は114ページ

次の英文を読んで、あとの問いに答えなさい。

(2004 神奈川・改題)

目標タイム 10分30秒　単語数 538語

1　　Tomoko is a high school student who lives in Yokohama.

　　One day, she went to Kamakura with her friends, Kana and Megumi. At Kamakura Station, they saw a young
5　man who was showing *a piece of paper to people visiting Kamakura. *It said in English, "I will *show you around Kamakura *for free." Tomoko was very interested in it, so she asked the young man some questions. He was a Japanese *college student who lived in Kamakura. He
10　came to Kamakura Station every month and helped people from other countries.

　　The next day, Tomoko *told Mr. Brown, her English teacher, about the young man.

15　*Mr. Brown:* That's interesting. When I went to Kamakura, I didn't see any men like him.

　Tomoko: He said that some other college students were doing the same thing. When we were walking along a street near Kamakura Station, we saw a
20　young woman who was talking with people from other countries. She said she was a college student, too. She was helping people from

paper 紙

street 通り、道

Australia then.

Mr. Brown : I think that's a hard job, but those students can learn a lot of things from it. For example, they can learn about their own country. They can also learn about other countries when they talk with people from those countries. And they can practice their English, too.

Tomoko : I see. Did you show anyone around your town for free when you were in the U.S.A.?

Mr. Brown : No, I didn't. But I did some different things. Working as a volunteer is very popular in my country. When I was a student, I visited a hospital, a farm and a school in my town. I helped people there and learned a lot of things. I still remember those things very well.

Tomoko : I know it's very important to help other people. But....

Mr. Brown : If you want to work as a volunteer, you can do it in this town, too.

Tomoko : How can I find a good volunteer job for me?

Mr. Brown : You can find one on the Internet. Go to the computer room when you have time.

Tomoko : All right. Thank you very much, Mr. Brown.

Mr. Brown : You're welcome. I hope you'll find a good job.

Two weeks later, Tomoko went to see Mr. Brown at lunchtime.

Tomoko : Last week, I went to the computer room, and on

the Internet I found a *nursing home that needed volunteers. When I told Kana and Megumi about the job, they were interested in it. So we went to the nursing home together yesterday and helped the old people there. When we were leaving, they said thank you to us many times. They also said, "Please come again." We were very happy to hear that.

Mr. Brown: Did you enjoy the work?

Tomoko: Yes, very much. Talking and singing with the old people was a lot of fun. There were five students who came from another school. They knew how to help old people and taught us. *By the way, I *found that some of my friends are also interested in volunteer work. So we're going to start a volunteer club. We want to visit the nursing home every month. And we want to clean this town, too.

Mr. Brown: That's great! The other teachers and I will help you if you need help.

Tomoko: Thank you, Mr. Brown.

sing 歌う
fun 楽しみ

(注) a piece of：1枚の　　It said：それには～と書いてあった
　　show ～ around …：～に…を案内する　　for free：無料で
　　college：大学　　told：tellの過去形　　nursing home：老人ホーム
　　By the way：ところで　　found：わかった

問1 この英文の概略を表した次の文章の（　）を埋めなさい。

鎌倉駅でボランティア活動をしていた若者を見かけたトモコが、ボランティア活動に興味をもち、（　　　　　　　　）。

　ア　その若者と一緒に活動する
　イ　友だちとボランティア活動を始める
　ウ　外国人対象のボランティア活動を始める
　エ　ブラウン先生とボランティア活動を始める

答え［　　　　　　］

問2 本文の内容に合うように、次の書き出しの英語に続けるのに最も適するものを選びなさい。

(1) The young man Tomoko saw at Kamakura Station...

　ア　took some pictures.
　イ　helped people from foreign countries.
　ウ　wanted to get money to study English.
　エ　showed Tomoko and her friends around Kamakura.

(2) When Mr. Brown was a student in the U.S.A., he...

　ア　learned about his country and other countries.
　イ　showed people around his town for free.
　ウ　visited a nursing home and worked there.
　エ　helped people at three different places in his town.

(3) Tomoko went to the computer room to...

　ア　find volunteer work in the town.
　イ　send e-mails to other countries.
　ウ　learn how to use a new computer.
　エ　study many things about Kamakura.

(1)［　　　　］　(2)［　　　　］　(3)［　　　　］

問3 次の □ の中の英文は、帰国したブラウン先生 (Mr. Brown) にあてて、トモコが数か月後に送った電子メールの一部である。英文中の（１）〜（３）のそれぞれに下のA〜Cの英語を（１）、（２）、（３）の順に１つずつ入れる順番として最も適するものをア〜カの中から選びなさい。

Hello, Mr. Brown. How are you? My friends and I made the volunteer club three months ago. We (1). We enjoy both very much. We (2) because we (3).

A. are also going to do some other things
B. found that there are many people who need help
C. visit the nursing home and clean the town every month

ア　A - B - C　　イ　A - C - B　　ウ　B - A - C
エ　B - C - A　　オ　C - A - B　　カ　C - B - A

答え [　　　　　]

最終実力テスト

テスト1（2003 東京）
テスト2（2004 都立戸山高等学校）
テスト3（2003 慶應義塾高等学校）

本番に向けてこれまで培った実力を試す

　本書の締めくくりとして、ここでは実際の入試長文問題を解いていきます（側注はなし。設問もそのままの形で収録してある）。問題を見ればわかるように、実際の入試では、1つの長文に対して設問がいくつもあります。基本的には、これまで練習してきた全体の大意把握と一部の情報を見つけ出す2種類の問題ですが、こうした設問がたくさんある実際の入試問題を解くにあたっては、事前にのみこんでおくとよいコツがあります。

　まず、そのコツをこの章では説明します。

　そのうえで、公立校の一般入試問題→公立校の独自入試問題→私立上位校の問題と進みます。

入試本番に向けてのアドバイス

● 事前に準備しておくこと

● 過去の入試問題を3年分解いておく

　公立高校の入試問題は毎年大幅に変わるものではありません。過去3年分の入試問題を実際に解いて、なれておく必要があります。時間をはかり、本番と同じような集中した状態で問題に取り組んでください。

　また、自分の受ける高校の「傾向と対策」を自分なりにまとめておくと、本番であわてずに済みます。

事前に調べておく　傾向と対策

- 大問はいくつあるのか（問題構成）

- それぞれどんなタイプの問題か（リスニング、長文読解、自由作文など）

- どの問題にどれくらい時間がかかるのか（時間配分）

　時間配分の例
　　問1　リスニング　　10分
　　問2　小問3つ　　　15分
　　　　（そのうち、自由作文　8分）
　　問3　長文（300語レベル）　10分
　　問4　長文（500語レベル）　15分

● 試験会場でのアドバイス

◉ 問題用紙をペラペラめくり、昨年と同じ形式であるか素早く確認する

- 同じ形式の場合
  ⇨ あらかじめ決めた時間配分にしたがって解答する。

- 違う形式の場合
  ⇨ 時間配分をおおざっぱに決めてから解答する。
  （「残りの15分間で長文問題を解く」程度の時間配分でよい）

◉ わからない問題はいつまでも考えていないで、後回しにして先に進む

　入試本番は時間との勝負です。1つの設問（大問の中の「問い」）に何分もかけてしまうと、他の問題を解く時間がなくなってしまいます。少し考えてみて答えが思い浮かばないのなら、その設問は飛ばして次の設問に進んでください。ただし設問を飛ばした場合には、最後にもう一度設問を正しい解答欄に書いているか確認しましょう。

◉ 長文問題では、設問を先に読んでから長文を読む

　本書では英語の文章を読む力をつけるために、長文を先に読んでから設問を読むことになっていましたが、実際の入試では、先に設問にざっと目を通してから長文を読んでください。それによって、次のような効果が期待できます。

・設問や選択肢に出てくる日本語や英語によって、文章の内容が推測できる。

・どのような設問なのかを先に把握することで、設問に該当する情報がどこに書かれているのか、長文を読みながら把握できる。

テスト1

(2003 東京)

次の文章を読んで、あとの各問に答えよ。

目標タイム 11分30秒　**単語数** 566語

"Mom, I'm home!" John said and ran into the *living room. John's mother said, "Hi, John. How was school today?" John sat in his grandfather's old chair and began to talk about school. After some time he asked, "Where is Grandfather?" "He is walking in the park," she answered. "Tomorrow is his birthday. I think we should buy a new chair for him as a birthday present. What do you think, John?" "That's a good idea. This chair is too old," John said.

That evening John's mother and father went out. John stayed at home with his grandfather. His grandfather sat in his old chair. John said, "Grandfather, your chair is very old. Would you like to have a new one?" "No," his grandfather said. "This chair is very old, but it means a lot to me. Maybe you don't understand, John." (1)John did not understand. After a short time, his grandfather said, "I sat in this chair when I asked your grandmother to *marry me. That was a long time ago, but when I sit in this chair and close my eyes, I feel she is near." He smiled and looked at the arm of the chair.

"When your father was born, I sat in this chair. When that little baby was put into my arms, I felt very happy," John's grandfather said with a big smile. John was beginning to understand that the chair was something very important to his grandfather.

"Many years later...," John's grandfather said and then stopped. His smile went away. "I sat in this chair when the doctor called and told me about your grandmother's *death. I cried and cried. I was very sad, but this chair gave me *comfort." John saw *tears in his grandfather's eyes.

"I understand now," John said. "This old chair is like a friend to you."

"Yes, John. We have *gone through a lot together," his grandfather said.

Late in the evening, John's mother and father came home with a new chair. John and his grandfather were already sleeping. John's mother and father put the new chair in the living room and carried the old chair out.

The next morning John got up and went into the living room. His grandfather's old chair was not there. "We carried the chair out. The *garbage truck will soon come and *pick it up," his father said. John was surprised. Then he heard the sound of the garbage truck. He ran out. A man was just picking the chair up. "Wait! Don't take that chair," John shouted. "That is my grandfather's chair. He still needs it." The garbage truck left without taking the chair.

Then John's mother and father came out. John said, "Don't *throw away this chair! It's like a friend to Grandfather. (2)They have gone through a lot together." He told them more about the old chair. They listened to him. John's father said, "We have learned a very important thing from you, John. Thank you." John was glad. Then they carried the chair into the house.

"Good morning, everyone," John's grandfather said when he walked into the living room. He sat down in his old chair. Then he saw the new chair in the room. John's mother said, "That's John's chair." John was surprised. "We bought it for him because he is a good boy," she said. "Oh, John is always great," John's grandfather said.

(注) living room：居間　　marry：結婚する　　death：死　　comfort：慰め
　　tear：涙　　go through〜：〜を経験する　　garbage truck：ごみ収集車
　　pick〜up：〜を収集する　　throw away〜：〜を捨てる

問 1 (1)John did not understand. の内容を、次のように語句を補って書き表すとすれば、□ の中に下のどれを入れるのがよいか。

John did not understand □.

ア　when his father was born
イ　why he had to stay at home with his grandfather
ウ　how much the old chair meant to his grandfather
エ　who would come and pick his grandfather's old chair up

答え [　　　　]

問 2 (2)They have gone through a lot together. の内容を、次のように書き表すとすれば、□ の中にどのような1語を入れるのがよいか。

Grandfather and this □ have gone through a lot together.

答え [　　　　]

問 3 次の (1) ～ (3) の英語の文を、本文の内容と合うように完成するには、□ の中に、それぞれ下のどれを入れるのがよいか。

(1) John's grandfather said that he felt John's grandmother was near □.

ア　when he asked her to marry him
イ　when his little baby was put into his arms
ウ　when he sat in his chair and closed his eyes
エ　when the doctor called and told him about her death

(2) John's grandfather talked about his old chair to John, and John □.

ア　understood that the chair was like a friend to his grandfather
イ　smiled and looked at the arm of the chair
ウ　cried and cried, but the chair gave him comfort
エ　thought he would buy a new chair for his grandfather as a birthday present

(3) When John heard the sound of the garbage truck, ☐

ア　he sat in his grandfather's old chair and asked, "Where is Grandfather?"
イ　he ran out and shouted, "Wait! Don't take that chair."
ウ　he said, "Grandfather, your chair is very old."
エ　he said, "Would you like to have a new chair, Grandfather?"

(1) [　　　]　(2) [　　　]　(3) [　　　]

問4 次の質問に英語で答えよ。

(1) Who carried the old chair out late in the evening?

_____

(2) What did John's grandfather see after he sat down in his old chair in the living room in the morning?

_____

テスト2

(2004 都立戸山高等学校)

次の文章は、日本人のイルカの調教師が書いたものである。読んで、あとの各問に答えなさい。

When I was a junior high school student, I wanted to be a *dolphin *trainer. I did not know why, but I wanted to be. Many times I thought, "I have seen dolphins on TV but I have never seen them *close. Maybe there are a lot of things to do to be a dolphin trainer. Then what should I do now?" I went to libraries and read many books about dolphins. (1)I did not find the answer. But I wanted to be good friends with them very much and feel them closer. One day I said to my parents, "I want to be a dolphin trainer." But they said, "Don't say such a thing like a dream. Things never *go as well as you would like to think. You should study hard before you decide your future job."

When I was fourteen, a new *aquarium was built near my grandfather's house. There were some dolphins in the aquarium. I wanted to see living dolphins more than before. I did not think my parents liked my idea, so I made a plan. I said to my parents, "I've not seen my grandfather for six years. I want to go to see him." "Are you going to go there *alone?" my mother asked me. I answered, "Yes, I am fourteen years old. I can travel alone." My father said, "OK. To travel alone is a good experience for a young boy." (2)My plan went well. During the summer I stayed at my grandfather's house and visited the aquarium again and again. I saw dolphins close for the first time. They swam around and came near me many times. I was very happy and watched them for a long time. I loved dolphins more.

On my eighteenth birthday, I got a letter from my grandfather. It said, "The aquarium is looking for a man to work there during the summer." I thought, "I've got a great chance! I can work in the aquarium! I can see dolphins every day!" Soon I told that to my parents. At first they did not say yes. But I did not give up and asked them every day. A week later my father said to me, "What do you want to do in your future? Five years ago you said you wanted to be a dolphin trainer. Are you going to work in an aquarium in your future?" I could not answer. He said, "You must study hard to go to *university. You are going to study at your grandfather's house every day, aren't you?" I answered, "Of course. I will work in the aquarium from nine to five and then study in the evening every day." At last he said, "OK. You may go. (3)Don't forget your promise."

On the first day at the aquarium I was introduced to a trainer. He told me about the interesting life of dolphins. "   (4)   " "So, in the aquarium, the trainer and the dolphins are very friendly and they swim together," I thought. From the next day I watched the trainer and the dolphins carefully. Sometimes the dolphins came to the trainer and he touched them. Sometimes they swam around with him. They were like a father and his children.

(5)On the last day at the aquarium, the trainer showed me a book and told me another interesting thing. He said, "These *figures show the *ratio between *brain *weight and body weight. Dolphins come next to *man. If the figures show the *intelligence of animals, dolphins are more *intelligent than other animals here." I was very surprised and said, "When I was very young, I learned that *chimpanzees were very close to us. So I have thought they are more intelligent than other animals." He smiled and said, "Dolphins are very close to us. Chimpanzees come next to dolphins." "Then, do dolphins *speak*?" I asked. He said, "Yes, they *speak*. You know, they don't use words like ours. They use *whistles." I said, "So you use a whistle to call the dolphins. I've heard that some people use whistles to communicate with each other in our world, too. Can dolphins learn and use those whistles?" He said, "Maybe, but we don't know. How about studying dolphins in your future?" At this time I found the answer to my father's question. I thought, "I will study dolphins. It is wonderful for people and dolphins to understand each other."

Now I am working for the aquarium near my grandfather's house as a dolphin trainer. Yes, that aquarium I visited before. I have worked here for three years. I have felt very happy and have worked hard every day. I have become very good friends with dolphins. Through my job I found a very important thing. We must always think how the dolphins feel. (6)I always talk with other trainers about that. I often ask them, "Someday we will be able to talk with dolphins. What will you talk about with them?" I always say, "I will ask what they think about us."

（注）	dolphin：イルカ	trainer：調教師	close：身近に、近い	go well：うまくいく
	aquarium：水族館	alone：1人で	university：大学	figure：数値
	ratio：比率	brain：脳	weight：重さ	man：人間
	intelligence：知能	intelligent：知性的な	chimpanzee：チンパンジー	
	whistle：笛のような音、笛、口笛			

問 1 (1)I did not find the answer. とあるが、この文の内容の説明として、最も適切なものは、次のうちではどれか。

　　ア　The writer did not know what he needed to do then.
　　イ　The writer did not know the reason of studying in high school.
　　ウ　The writer did not know the libraries which had books about dolphins.
　　エ　The writer did not know what the words of his parents meant.

答え [　　　　　　　]

問 2 (2)My plan went well. とあるが、my plan の内容を次のように説明するとすれば、□にどのような英語を入れるのがよいか。3語以内の英語を書きなさい。

The writer wanted to □ while staying at his grandfather's house.

答え [　　　　　　　]

問 3 (3)Don't forget your promise. が表す内容として最も適切なものは、次のうちではどれか。

　　ア　You must be a dolphin trainer.
　　イ　You have to see dolphins in the evening.
　　ウ　You should study after work.
　　エ　You are able to get a job in the aquarium.

答え [　　　　　　　]

問 4   (4)   には次の①〜④の文が入る。正しい順序の組み合わせはどれか。

① In each group dolphins feel very close to each other.
② So, if a dolphin is left alone, it sometimes becomes sick and dies.
③ And they need each other like us.
④ Dolphins live in groups and each group has a leader.

ア　①－②－④－③　　　イ　④－②－③－①
ウ　①－③－②－④　　　エ　④－①－③－②

答え [　　　　　]

問 5　(5)On the last day at the aquarium, the trainer showed me a book and told me another interesting thing. とあるが、another interesting thing の内容と一致するように dolphin、chimpanzee を次の表に入れるとすれば、それぞれア〜オのどれか。

The ratio between brain weight and body weight

man	ア	イ	ウ	エ	dog	cat	horse	オ
0.89	0.64	0.30	0.22	0.21	0.14	0.12	0.10	0.06

dolphin [　　　　]　chimpanzee [　　　　　]

問 6　(6)I always talk with other trainers about that. とあるが、that の内容を次のように書き表すとすれば、　　　　　の中にどのような英語を入れるのがよいか。数語の英語を書きなさい。

You must always ask, "　　　　　?"

答え [　　　　　　　　]

問7 本文の内容をふまえて次の英文を書くとすれば、[　　　]の中にどのような英語を入れるのがよいか。1語の英語を書きなさい。

The writer was interested in dolphins, but he had no chance to see them close until he was fourteen. When he was eighteen, he worked in the aquarium. He learned a lot of things about dolphins from a dolphin trainer. Especially he was interested in their intelligence and in their way of [　　　]. Through this experience he decided to study dolphins. Now he is a dolphin trainer.

答え [　　　　　　　]

次の文章の内容について、問いに答えなさい。＊が付いている語句は、その和訳が注として与えられています。

目標タイム 16分　単語数 655語

As soon as I walked into my dark office, I saw the *blinking light on my *answering machine. "Oh well. Another busy day," I thought to myself. Then, I remembered that I should be happy to see the light. It was my own business after all — Ann Ryan, *Private Detective — and I needed the work.

Cup of tea in hand, I sat down to listen to the message.

"Ann?"

The voice sounded familiar but I wasn't sure who it was.

"This is Lena. I can't remember when we last spoke but I need to talk to you soon. I have a problem and I'm hoping you can help. Will you call me back as soon as possible? My number is still the same — 566-1392."

Lena, my best friend in high school! It was ten years or more since I last saw her.

I called her number right away.

Lena answered on the first ring. She sounded very unhappy. When she asked me to meet her at her house, I agreed. I knew the address. As high school friends, we used to spend lots of time there.

The *neighborhood looked older and dirtier than I remembered it. As I drove around, memories came back to me. I passed the park in which we used to play volleyball. I passed our high school. I remembered the hours we spent in classes — history, music, math. I remembered how much we loved music.

As I turned the corner, I saw Lena's house. The paint looked new but the yard needed work.

Lena opened the door before I rang the bell.

The house was just as I remembered it. I almost expected Lena's mother to walk in and welcome me even though I knew that her mother was already dead. Lena lived by herself now.

I looked around. The sofa was the same. Even the same pictures were on the wall.

At that moment, I heard the train go by. I smiled to myself. I remembered that the train went by every 20 minutes. At first, it bothered me but like the rest of the Dunn family, I soon forgot about it.

"Nothing has changed," I said.

Lena smiled a little sadly, "Nothing."

After some coffee and small talk, Lena started to tell me why she needed my help.

"You know that my mom died about 9 months ago," she said. I nodded my head. "I miss her so much. The house seems empty without her. Anyway, my mother always talked about writing a *will but she never did it. She said she didn't want to think about death. I didn't want to think about it either, so I didn't say anything."

"One day, however, she called me into her room — that room, over there — and asked me to bring a tape recorder. For some reason, she wanted to tape her wishes, not write them. I think she talked into that tape recorder for about an hour. She didn't miss anything — the jewelry, the pictures, the bank *accounts, the car, the house. She was very clear that she wanted my uncles to get some small things and she wanted me to get everything else."

"The problem is that my uncles don't believe the tape is real. They think

I'm trying to *cheat them. How can I prove that it's real? That's why I need your help."

"Can I listen to the tape?" I asked.

Lena nodded her head. "It's long. About an hour. But please listen if you think it can help you."

Lena brought in the tape recorder and I sat back in the chair. While I listened, I imagined that her mom was standing in front of me. The recording was so clear. No noise. Just her mother's voice. The hour passed by quickly.

When the tape was finished, I looked at Lena.

"I can't help you," I said.

"Why?"

"There's something wrong with this tape," I answered.

(注)	blink 点滅する	answering machine （電話の）自動応答機	private detective 私立探偵
	neighborhood （町の中の）ある地域・近隣		will 遺書
	account 預金口座	cheat 〜をだます	

出典: "The Mystery of the Spoken Will" in,
LEBAUER, RONI S., READING BOOK, LEVEL 1, JOURNEYS, 1st Edition, © 1998.
Reprinted by permission of Pearson Education, Inc., Upper Saddle River, NJ. Reprinted by permission.

問い 1〜9については、各文の空所に入れるのに最適なものを、それぞれ（A）〜（D）のうちから1つ選びなさい。10については、質問文に対する答えとして最適なものを、（A）〜（D）のうちから1つ選びなさい。

1. Ann thought she should feel happy to see the blinking light because _____.

    (A) it probably meant a new job
    (B) it was already at night
    (C) she was not busy at all
    (D) the room was very dark

答え [　　　　　]

2. At first when she heard the voice say "Ann," Ann _____.

    (A) could tell that it was Lena

(B) thought it was someone she didn't know

(C) thought the caller had the wrong number

(D) wondered who it was

答え [　　　　　]

3. Ann called Lena immediately because _____.

(A) Lena was in a hurry to see her

(B) Lena was the last person she wanted to see

(C) Lena's phone number was still the same

(D) she was not very busy at that time

答え [　　　　　]

4. When Ann was asked to come to Lena's house, she _____.

(A) wanted to ask how to get there

(B) didn't need to ask the address

(C) didn't remember where it was

(D) took some time to remember where it was

答え [　　　　　]

5. Ann enjoyed driving to Lena's house because _____.

(A) driving through an old town was fun for her

(B) it brought memories of the good, old days back to her

(C) she was able to stop and spend many hours at old, familiar places

(D) the neighborhood did not look so old or dirty yet

答え [　　　　　]

6. When Ann arrived at Lena's house, she _____.

(A) waited for Lena's mother to welcome her

(B) heard that Lena lived alone

(C) rang the bell and waited for Lena

(D) found everything was the same inside

答え [　　　　　]

7. When Ann was young, the trains didn't bother her for long because _____.

   (A) she was quick to forget things
   (B) she loved the Dunn family
   (C) she was always with Lena's family
   (D) she heard them too often to feel anything about them

   答え [   ]

8. Lena said that her mother _____.

   (A) always told her to write a will for her
   (B) didn't say anything about writing a will
   (C) didn't tell her why she wanted to tape her will
   (D) often talked about death with her

   答え [   ]

9. In the will, Lena's mother _____.

   (A) didn't leave anything expensive to her brothers
   (B) wanted to leave only a few things to her family
   (C) left jewels to Lena's uncles
   (D) told Lena to buy everything she would need

   答え [   ]

10. What did the detective probably notice about the tape?

    (A) Lena's mother really didn't want to leave anything to her brothers.
    (B) Lena's mother was standing while she was recording it.
    (C) No trains could be heard though it was over 20 minutes long.
    (D) The voice did not sound like that of Lena's mother.

    答え [   ]

解答・解説篇

第 2 章
- **Lesson 6** ………… 86ページ
- **Lesson 7** ………… 87ページ
- **Lesson 8** ………… 88ページ
- **Lesson 9** ………… 89ページ
- **Lesson 10** ………… 90ページ

第 3 章
- **Lesson 11** ………… 91ページ
- **Lesson 12** ………… 92ページ
- **Lesson 13** ………… 93ページ
- **Lesson 14** ………… 95ページ
- **Lesson 15** ………… 97ページ

第 4 章
- **Lesson 16** ………… 99ページ
- **Lesson 17** ………… 103ページ
- **Lesson 18** ………… 106ページ
- **Lesson 19** ………… 110ページ
- **Lesson 20** ………… 114ページ

最終実力テスト
- テスト 1 ………… 118ページ
- テスト 2 ………… 122ページ
- テスト 3 ………… 127ページ

Lesson 6

(22ページ)

> **解答** 問1 イ 問2 イ

問1 イ（学校）

解説 1行目、4行目、7行目、8行目に「school」という単語があることでわかるように、内容はすべて学校に関すること。したがって、この文章のテーマは「学校」。

問2 イ（8時10分）

解説 4行目に「I usually leave home at eight ten（私はふつう8時10分に家を出ます）」とあるので、翔太が家を出るのは8時10分。

日本語訳

> 私は蓮沼中学校に通っています。
> それ（学校）は家の近くではありません。
> そこ（学校）まで歩いて20分かかります。
> 私はふつう8時10分に家を出て、8時30分に学校に着きます。
> 学校には約300人の生徒がいます。
> よい学校だと私は思います。

Lesson 7 (24ページ)

> **解答** 問1 エ　問2 エ

問1　エ（季節）

解説　2行目の「I like spring the best（春が一番好き）」、5行目の「Which season do you like the best, Kate?（ケイト、君はどの季節が一番好き？）」などから、一番好きな季節について会話していることがわかる。

問2　エ（冬）

解説　6行目でケイトは「I like winter the best.（私は冬が一番好き）」と言っている。

日本語訳

ケイト：すてきな春の日になりそうね。
翔太：そうだね。春は暖かくて野球の季節が始まるから一番好きなんだ。
ケイト：あなたは本当に大の野球ファンね。
翔太：そうさ。ケイト、君はどの季節が一番好き？
ケイト：私は冬が一番好き。
翔太：どうして？
ケイト：夜、美しい星が見られるから。
翔太：そうだね。冬は東京の空気でさえきれいだからね。

Lesson *8* (26ページ)

> **解答** 問1 ウ 問2 ア

問1 ウ（店員）

解説　1行目のA「May I help you?（いらっしゃいませ）」、11行目のB「How much is it?（いくらですか）」、13行目のB「I'll take it.（それを買います）」などから、これが買い物の場面で、店員（A）とお客（B）の会話であることがわかる。

問2 ア（両側にポケットのついた茶色のかばん）

解説　3行目「It has large pockets on both sides.（両側に大きなポケットがついています）」と10行目「It's brown.（茶色です）」から、「両側にポケットのついた茶色のかばん」であることがわかる。

日本語訳

> A：いらっしゃいませ、何か？
> B：はい。母にかばんを探しているのですが。
> A：このかばんはいかがですか？　両側に大きなポケットがついています。
> B：形は好きですが、彼女（母）には大きすぎます。もっと小さいのはありますか？
> A：はい、でも色が違います。何色がお好みですか？
> B：茶色かグレーです。
> A：それならこのかばんを気に入るのでは。茶色です。
> B：いいですね。いくらですか？
> A：50ドルになります。
> B：わかりました。それを買います。
> A：ありがとうございます。

Lesson 9 (28ページ)

> **解答** 問1 エ 問2 イ

問1 エ（好きなこと）

解説 1行目「My favorite sport is soccer.（私の大好きなスポーツはサッカーです）」と7行目「I am also interested in cooking.（私はまた料理にも興味があります）」から、翔太はサッカーと料理のどちらも好きなことがわかる。選択肢のア「母親」やイ「スポーツ」のことも述べられているが、全体としては「好きなこと」が題名として最もふさわしい。

問2 イ（4回）

解説 3行目「Our team has four practices a week.（私たちのチームは週に4回練習します）」から、週4回練習があることがわかる。

日本語訳

　私の大好きなスポーツはサッカーです。私は6歳のとき、サッカーをし始めました。今は学校のサッカーチームに入っています。私たちのチームは週に4回練習します。練習はきついですが、友だちとサッカーをするのは私にとって楽しいことです。時々、公園で兄とも一緒にサッカーをします。

　私はまた料理にも興味があります。母から料理の仕方を習っています。母は家族で一番料理がうまいと思います。昨日、私は家族のために夕食を作りました。おいしかったと自分では思います。

　サッカーをすることと料理することは、私には本当におもしろいのです。

Lesson 10 (30ページ)

> **解答** 問1 イ 問2 エ

問1 イ（文化祭で調べたこと）

解説 この文の大意は「昨日、翔太の学校では文化祭があり、翔太のクラスではグループごとに地球上の問題を調べた。翔太のグループは森林に生息する動物について調べた。多くの種類の動物が人間のために絶滅しかかっていて、トラがその例である」ということ。選択肢のウ「森林破壊」やエ「生活のために動物を殺すこと」は動物が絶滅する理由として述べられているが、文章全体を表すとは言えない。したがって、イ「文化祭で調べたこと」が題名としては最もふさわしい。

問2 エ（トラを守ろうとしている人々がいること）

解説 インターネットについて述べているところを探す。

12行目に「On the **Internet**, I found that some people are trying to protect tigers.（インターネットでは、トラを保護しようとしている人々がいることがわかりました）」とある。

日本語訳

　昨日、文化祭がありました。私たちのクラスは地球上で現在起きている主な問題を研究しました。5つのグループを作り、それぞれのグループが違った問題を文化祭で話しました。私のグループは森林で生息している動物を調べました。以下の2つの理由のために、たくさんの種類の動物が絶滅しつつあります。
　1つ目は、人々がたくさんの木を伐採しているからです。
　2つ目は、人々がお金を得るために動物を殺しているからです。
　たとえば、100年前には約10万頭のトラがいましたが、今は5000頭しかいません。薬を作るためにトラを殺している人々もいるそうです。インターネットでは、トラを保護しようとしている人々がいることがわかりました。
　私はすべての人が自然と動物を守るために何かをする必要があると信じています。

Lesson 11 (34ページ)

> **解答** 問1 ア　問2 ア

問1　ア（インドネシアの季節）

解説　この文章は、インドネシアのYanto（ヤント）からAyaka（アヤカ）へのメール文である。ヤントはアヤカが送った青森の冬の写真を見て、インドネシアの季節について説明している。

選択肢のウ「日本の季節」については、ヤントがアヤカに質問しているのであって、このメールを読んで日本の季節のことがわかるわけではない。

問2　ア（rainy season）

解説　8行目「It is cooler during the rainy season, so I like the rainy season better.（雨季の間のほうが涼しいので、ぼくは雨季のほうが好きです）」から、ヤントは雨季が好きなことがわかる。

日本語訳

> こんにちは、アヤカさん
>
> 　青森の写真をぼくに送ってくれてありがとう。実に気に入りました。（雪で）白い山々や木々がとても美しいですね。
>
> 　知ってのとおり、インドネシアはとても暑いです。雨季と乾季の2つの季節しかありません。雨季は11月から4月までで、乾季は5月から10月までです。雨季の間のほうが涼しいので、ぼくは雨季のほうが好きです。冬はないので、ここでは雪は降りません。だからぼくは雪を見たことがありません。でもいつか雪だるまを作ってみたいです。
>
> 　四季があるのはすばらしく感じます。アヤカさんはどの季節が一番好きですか。日本では雨季がありますか。もしあるなら、雨季はいつ始まるのですか。
>
> 　アヤカさんは冬が好きですか。冬はどのように過ごすのですか。冬の生活について書いてくれませんか。
>
> 　すぐに返信してください。
>
> 　　　　　　　　　　　　　　　　　　　　　　　　　友だちのヤントより

Lesson 12　　　　　　　　　　　　　　　　　　　　　　　　　　（36ページ）

解答　問1　ウ　問2　ウ

問1　ウ（3）

解説　4行目「First,」のあとで日本から来た高校生についてのニュース、15行目「Next,」のあとで新しい野球選手のニュース、19行目「The last news for today」として天気のニュースが語られている。

問2　ウ（アメリカの生活を学ぶため）

解説　8行目に「One of the Japanese students said they were here to study English and to learn about American life.（日本の生徒の1人が言うには、彼らは英語を勉強するためとアメリカの生活を学ぶためにここに滞在するとのことです）」とある。「英語を勉強するため」という選択肢はないので、残った「アメリカの生活を学ぶため」が正解。

日本語訳

　こんにちは、みなさん。1月20日、火曜日、12時30分。こちらはリンカーン高校ランチタイムニュースです。おもしろいニュースをいくつか、ボブ・ブラウンがお送りします。

　最初に、日本から私たちの学校を訪れている10名の高校生と2名の教師がいます。1月18日、日曜日に彼らは私たちの町に到着しました。彼らは本校の生徒の家に2泊しています。彼らが昨日来校したとき、私は彼らと話をしました。日本の生徒の1人が言うには、彼らは英語を勉強するためとアメリカの生活を学ぶためにここに滞在するとのことです。彼らは私たちに日本の伝統的な遊び、スポーツ、歌を紹介してくれました。私はいくつかの遊びをやってみました。それらは難しかったですが、おもしろいと思いました。今週、日本の一団は私たちのクラスを訪ねたり、町を散策したりする予定です。

　次は、スポーツニュースです。私たちの野球チームに、現在、新しい選手のマーク・ホワイト君がいます。彼はカナダ出身です。とてもよいキャッチャーで、足がとても速いです。今年は、私たちの野球チームはより強くなると期待しています。

　本日最後のニュースは天気です。現在くもっていますが、今晩は雨となるでしょう。天気は夜半に変わり、明朝は雪でしょう。登校時には気をつけてください。

Lesson 13 (38ページ)

> **解答** 問1 ウ 問2 エ

問1 ウ（携帯電話）

解説　「mobile phone」が2人の会話の話題になっている。「phone＝電話」なので、13行目「Mobile phones are so small that we can carry them.（mobile phoneはとても小さいので持ち運ぶことができる）」、16行目「For example, some car accidents have happened because many people driving a car use a mobile phone.（たとえば、一部の自動車事故は、運転中の人が mobile phone を使用することが多いから起きているの）」などから、「携帯電話」のことだとわかる。

ちなみに、5行目「It（＝a popular Japanese song）'s coming from a mobile phone.（mobile phone から人気のある日本の歌が聞こえる）」は携帯電話の着信メロディーを指している。

問2 エ（交差点）

解説　30行目「It's from those traffic lights. Let's run before they change to red.（それはあの信号機からよ。赤に変わる前に走りましょう）」から、2人は交差点にいることがわかる。

日本語訳

ジェーン：なんてすばらしい歌でしょう。これって前に聞いたことがあるわ。ケイコは知っている？
ケイコ：ええ、人気のある日本の歌よ。
ジェーン：どこから聞こえてくるのかしら？
ケイコ：携帯電話からよ。見て！　あの人が電話で話しているわ。
ジェーン：あら、ほんと。
ケイコ：現在、日本人の多くが携帯電話を持っているの。今、携帯電話は日本ではそんなに高価ではないの。あなたの国ではどう？
ジェーン：携帯電話は私の国でも人気があるわ。とても役に立つし。
ケイコ：そうね。携帯電話は小さいから持ち運べるし。
ジェーン：でも、携帯電話は私の国ではいくつか問題を引き起こしているの。たとえば、一部の自動車事故は、運転中の人が携帯電話を使用することが多いから起こっているの。とても危険よね。
ケイコ：そのことは日本でも問題になっているわ。一部の人は電車やバスの中で大きな声で通話するし、まわりにいる他の人のことを考えないわ。
ジェーン：その通りね。それから、もし機械の近くで携帯電話を使用すると、故障する機械もあるわ。
ケイコ：そうね、携帯電話には良い点と悪い点の両方があるわね。
ジェーン：その通りね。私たちは本当に、携帯電話を使うときに、他の人のことを考える必要があるわね。
ケイコ：私もそう思うわ。
ジェーン：聞いて！　別の電話が鳴っているわ。
ケイコ：違うわ。この音楽は携帯電話からではないわ。あの信号機からよ。赤に変わる前に走りましょう。

Lesson 14 (40ページ)

> **解答**　問1　イ　　問2　ウ

問1　イ（野生の動物は動物園の動物より幸せである）

解説　2行目のAチームの最初の発言「We think **wild animals are happier than animals in a zoo**.」と、14行目のBチームの最初の発言「We don't think **wild animals are happier than animals in a zoo**,」は、どちらも「wild animals are happier than animals in a zoo（野生の動物は動物園の動物より幸せである）」を含んでいる。したがって、議論のテーマは選択肢のイ。

そのテーマに対して、Aチームは「We think」で肯定し（つまり賛成派）、Bチームは「We don't think」で否定している（つまり反対派）。

問2　ウ（Ken）

解説　「十分な食糧」「野生の動物」「問題」といったキーワードが出てくる部分を探す。

20行目「And **wild animals** often can't get **enough food**. This is a big **problem** for them.（また、野生の動物は十分な食糧を得られないことがしばしばあります。これは彼らにとって大きな問題です）」がその部分に当たるので、Kenが述べたことになる。

日本語訳

先生：最初に、Aチームがスピーチを行います。

マイ（Aチーム）：私たちは野生の動物のほうが動物園の動物より幸せだと思います。最初の理由は野生の動物は自由であるということです。野生の動物は行きたいところへどこでも行くことができます。動物園の動物はどうでしょうか。彼らは狭い場所やおりの中だけで生活しなければなりません。2番目の理由は、野生の動物のほうが強くなれることです。彼らは生きるために食糧を得ることを通じて、野生の本能をとぎすませますが、動物園の動物にはそれはできません。彼らは食糧を得ることに苦労しません。だから強くはなれないのです。

先生：次に、Bチーム、スピーチを行ってください。

ケン（Bチーム）：はい。私たちは野生の動物のほうが動物園の動物より幸せだとは思いません。なぜなら、動物園の動物は野生の動物より安全に暮らすことができるからです。自然の中では、野生の動物は時おり、他の肉食動物や密猟者に殺されてしまいますが、動物園には他の肉食動物や密猟者はいません。また、野生の動物は十分な食糧を得られないことがしばしばあります。これは彼らにとって大きな問題です。動物園の動物は、そこで働く人々から十分な食糧を得ています。動物園の動物は野生の動物より長く生きることができます。だから彼らは野生の動物より幸せです。

先生：では、Bチーム、Aチームに質問をしてください。

アキ（Bチーム）：あなたは、「野生の動物は食糧を得ることを通じて、野生の本能をとぎすませる」と述べました。彼らは常に食糧を得られるのですか。

マイ（Aチーム）：いいえ、できません。彼らにとって、食糧を得ることは簡単ではありません。しかし、彼らは食糧を得ることを通じてより強くなることができると私たちは思います。

アキ（Bチーム）：野生の動物にとって、自由であることと十分な食糧を得ることでは、どちらがより必要なのでしょうか？

マイ（Aチーム）：彼らには両方が必要だと私たちは思います。なぜなら自由であることと十分な食糧を得ることは、どちらも彼らの幸せには大切なものだからです。

Lesson 15 (42ページ)

解答 問1 ア　問2 ウ

問1　ア（職場体験）

解説

2行目「This morning I went to *Asagao Kindergarten* at 9:00 with my friend Tomoko.（今朝、友だちのトモコと9時にアサガオ幼稚園に行きました）」

10行目「We want to play with you tomorrow, but we can't.（私たちは明日も一緒に遊びたいけれど、できません）」

20行目「At home I told my family about my experience at the kindergarten.（家で、私は家族に幼稚園での経験について話しました）」

など複数の情報から、幼稚園で1日職場体験をしたことがわかる。

問2　ウ（人は他人を幸せにするために働く）

解説

「今は新しい考えがある」と述べている部分を探すと、28行目に「But now I have a new idea.」とあるので、その前後を抜き出してみる。

People usually work to make themselves happy.
（人々はふつう自分自身を幸せにするために働きます）

That **was** my idea about work.
（それが仕事についての私の考え<u>でした</u>）　※過去形＝古い考え

But now I **have** a **new** idea.
（しかし、今は新しい考えを持って<u>います</u>）　※現在形＝新しい考え

We should also work to make other people happy.
（私たちは他の人々を幸せにするためにも働くべきです）

逆接の接続詞「But（しかし）」に注目すると、Butの前で「古い考え」が、Butの後ろで「新しい考え」が述べられていることがわかる。

日本語訳

10月16日（木）

　今朝、友だちのトモコと9時にアサガオ幼稚園に行きました。私たちのクラスには18人の子どもたちがいました。彼らの世話をするのは難しかったけれど、楽しかったです。子どもたちはみなかわいかったし、トモコと私は子どもたちと話したり歌ったりして楽しみました。子どもたちも大好きな歌を歌っているときはうれしそうでした。

　午後、子どもたちは私たちの顔の絵をくれました。私はみんなに、「すてきなプレゼントをありがとう。みなさんの絵を気に入りました。私たちはうれしいけれど、悲しいです。明日も一緒に遊びたいけれど、できません。また会いたいです」と言いました。そして2時に子どもたちは友だちや先生や私たちにさよならを言いました。

　家に帰る途中、トモコと私は幼稚園での経験について話しました。トモコは、「本当にあそこで働いて楽しかった。子どもたちに本を読んであげているとき、ほほえんで聞いていてくれたわ。他の人のために何かをするってすばらしいと思うわ。今日は大切なことを学んだわ」と言いました。私は同意しました。

　家で、私は家族に幼稚園での経験について話しました。家族に子どもたちからの絵を見せました。両親は幼稚園での経験を知りたがって、たくさんの質問をしてきました。母は、「あなたがとてもよい時間を過ごしたことを知ってうれしいわ」と言いました。

　幼稚園での経験は私を変えたと思います。人々はふつう自分自身を幸せにするために働きます。それが仕事についての私の考えでした。しかし、今は新しい考えを持っています。私たちは他の人々を幸せにするためにも働くべきです。

　今日、私は自分の夢を見つけました。将来は他の人を助けるために働きたい。でも何ができるのだろう。たくさん勉強してその答えを見つけるつもりです。私は今、将来への新しい旅を歩き始めました。

Lesson 16　　　　　　　　　　　　　　　　　　　　　　　　　　　（46ページ）

> **解答**　問1　ア
> 　　　　問2　（1）turn　　（2）what　　（3）meet
> 　　　　問3　エ → イ → ア → ウ

問1　ア（茶道部の部室で、壁には「一期一会」と書かれた掛け軸が掛かっている）

解説　選択肢に出てくる「茶道部」「壁」「掛け軸」「茶碗」「一期一会」などのキーワードを本文中から探す。

1行目「Hiroshi, Osamu, and Keiko invite Dick to their **tea ceremony club**. （ヒロシ、オサム、ケイコはディックを茶道部に招く）」から、場所は茶道部だとわかる。

43行目のオサム「Look at that thing on the **wall**, Dick. It is called a *kakejiku*. （壁に掛かっているあれを見てごらん、ディック。あれは掛け軸と呼ばれるものだよ）」と46行目のオサム「*Ichigo-ichie*. （一期一会だよ）」から、壁に「一期一会」と書かれた掛け軸が掛かっていることがわかる。

問2　（1）I'll try to hold the cup and (**turn**) it a little.

解説　下線部（1）「I'll try. （やってみる）」は後ろが省略された形なので、省略されたものをそれより前から探す。下線部より前では、ディックはお茶の飲み方の説明を受けている。以下の2つの文から、（　）には「turn」が入ることがわかる。

12行目「Hold the cup and **turn** it a little. （茶碗を持って、少し回す）」

14行目「I hold the cup and **turn** it like this. （茶碗を持って、このように回す）」

（2）Do you understand (**what**) *ichigo-ichie* means?

解説　下線部（2）「Do you understand?（わかる？）」は後ろが省略された形なので、省略されたものをそれより前から探す。下線部より前では、「一期一会」について説明しているので、設問文は「あなたは『一期一会』が何を意味しているのかわかりますか？」という意味になることが推測できる。

（3）But we may not have another chance to (**meet**).

解説　下線部（3）「But we may not have such a chance again.（でも、私たちには再びこのような機会はないかもしれません）」から「どのような機会」であるかを考える。指示語の表す内容はそれより前に出てくるので、直前の文を見てみると、「For example, we have met here now.（たとえば、私たちは今ここで出会いました）」とある。つまり、「出会う機会」と考えられる。設問文は、「でも、私たちには出会う別の機会はないかもしれません」という意味。

● 設問形式別アドバイス 1

本文の内容に合うように、英文の（　）に適する語を入れる形式
① 英文の内容が書かれている部分を本文中から探す。
② 本文の数行前から読んで関連する情報を探す。たいてい直前に情報があるが、それでも見つからない場合は、後ろやその段落の一番前から読んで探す。
③ （　）に適する語がどのような語か推測する。
　[例] I'll try to hold the cup and (　) it a little.
　　であれば、動作を表す語（動詞）が入りそうである。

問3　エ→イ→ア→ウ

解説　選択肢はすべてディックが言ったことに関するものなので、ディックのセリフから該当する部分を探し、順番に並べかえる。

ア「ディックは少しずつお茶を飲むことについて質問した」
33行目「And, why do you drink the tea little by little?（それから、なぜお茶を少しずつ飲むのですか）」

イ「ディックは茶碗を回すことについて質問した」
28行目「Why do you turn the cup?（なぜ、茶碗を回すのですか）」

ウ「ディックは佐藤先生や生徒たちとの楽しい時間を大切に思うと言った」
58行目「I'll value the good time I had with you today.（あなたがたと今日過ごした楽しい時間を大切にします）」

エ「ディックはお茶を飲み、茶の湯はおもしろいと言った」
26行目「Yes. It's interesting.（はい。おもしろいです）」

◉ 設問形式別アドバイス2

本文の流れにそって、英文を並べかえる形式
　① 各文を読んで、意味をつかむ。
　② 各文の情報が書かれている部分を本文中から探し、印をつけておく。
　　[例] ア　Dick asked a question about drinking the tea little by little.
　　　であれば、本文中から「And, why do you drink the tea little by little?」を探し出して、鉛筆で下線を引き、「ア」と書いておく。
　③ 本文中で出てきた順番に記号を並べかえる。

日本語訳

　ヒロシ、オサム、ケイコはディックを茶道部に招く。ディックはロンドンから来た高校生である。彼は東京に数日間滞在する。

ヒロシ：この茶碗の緑茶を見てごらん、ディック。ぼくがとてもていねいに点(た)てたんだよ。
オサム：それからその茶碗を見てごらん、ディック。小さな絵がここに描かれているだろう。これがその茶碗の正面になるんだ。
ディック：そうなんだ。
ヒロシ：では、茶碗を君の前に置きます。茶碗の正面が君のほうを向いているよね。
オサム：茶碗を持って、少し回すんだよ。
ケイコ：どうやるのか、あなたに見せてあげる、ディック。ゆっくりとやってみるから。茶碗を持って、このように回すの。
ディック：わかった。(1)やってみる。
ヒロシ：では、お茶を飲んでみて。
オサム：最初は少し飲んで、それからもう少し飲んで、そして残りを飲むんだよ。
ケイコ：私を見ていて、ディック。最初にこのように少し飲むの。それからもう少し飲む。そして、残りを飲むの。
ディック：了解。うーん、よい味がするね。

　　　　茶道部の先生である佐藤先生が来る。

佐藤先生：茶の湯を楽しんでいますか、ディック？
ディック：はい。おもしろいです。
佐藤先生：もし質問があったら、私たちに聞いてくださいね。
ディック：ありがとうございます。いくつか質問があります。なぜ、茶碗を回すのですか。
　ケイコ：私たちの口を茶碗の正面につけてはいけないからよ。正面は茶碗の最も大切な部分だから。
ディック：なるほど。それから、なぜお茶を少しずつ飲むのですか。
　ヒロシ：お茶を点ててくれた人に感謝の意を示すためにそうするんだよ。
ディック：それはすばらしい！
　ヒロシ：この部では、お茶の飲み方を学ぶんだ。それと、茶の湯を通じて、えーと。
ディック：他人に心づかいをすること？
　ヒロシ：その通り。ぼくたちは他人に心づかいをすることも学んでいるんだ。
　オサム：壁に掛かっているあれを見てごらん、ディック。あれは掛け軸と呼ばれるものだよ。
ディック：何かが書かれているね。何て書いてあるの？
　オサム：「一期一会」だよ。
ディック：「一期一会」？
　オサム：「一期」が１つの人生を意味する。「一会」が１つの機会を意味する。それから、えーと、(2)わかる？
ディック：えーと、それぞれの語の意味はわかるけど、うーん……。
佐藤先生：「一期一会」を説明するのはやさしくありません。「一期一会」は人生においてそれぞれの機会を大切に思わなければならないということを意味しています。たとえば、私たちは今ここで出会いました。(3)でも、私たちには再びこのような機会はないかもしれません。そこで、私たちはこの機会を大切にしなければならないし、お互いに心づかいをしなければなりません。これが、私の「一期一会」についての理解です。
ディック：わかりました。あなたがたと今日過ごした楽しい時間を大切にします。

Lesson 17

(50ページ)

> **解答**
> 問1 ア
> 問2 (ア) → エ → オ → イ → ウ
> 問3 (1) Santa Claus lived in this world
> 　　 (2) there was no Santa

問1　ア (Spring—Santa's Other Present)

解説　ベスがこの文章で一番言いたかったことを考える。サンタから届いた手紙とカメラが実は（避けようとしていた）父親からのプレゼントだった、という文の流れを読み取れたかどうか。本文中で「Spring」を探すと、

23行目「I feel it's like winter staying in my heart and spring will never come.（私の心の中には冬がとどまっていて、二度と春が来ないのではと感じています）」と嘆いていたのが、

46行目では「I feel my winter is leaving and spring is coming.（私の冬は去って、春が来ている気がするわ）」と変化している。

この問題は消去法で答えることもできる。

イ「カメラ―私が買ったもの」。40行目「It was a warranty card for the camera my father bought.（それは父が買ったカメラの保証書だった）」から、カメラを買ったのはベスではなく父親。

ウ「サンタ―私の嫌いな人」は、47行目「I love you, my Santa.（あなたを愛しています、私のサンタさん）」と矛盾する。

エ「愛―サンタが失ったもの」はどこにも書かれていない。

問2　(ア) → エ → オ → イ → ウ

解説　選択肢に該当する部分を本文中から探し、順番に並べかえる。

ア「サンタ・クロースはこの世界に住んでいると信じていた」

2行目「Before that day, I believed Santa Claus lived in this world.（その日の前までは、サンタ・クロースはこの世界に住んでいると私は信じていた）」

イ「サンタが保証書のついたカメラを私にくれた」

35行目「Oh, Santa! How did you know I wanted a camera?（まあ、サン

103

タさん！ どうして私がカメラをほしがっていたことがわかったの？）」と40行目「It was a warranty card for the camera my father bought.（それは父が買ったカメラの保証書だった）」など。

ウ「私の父がサンタ・クロースであることがわかった」

42行目「After a few minutes, I understood everything.（数分後、私はすべてを理解した）」など。

エ「私は中学校に入学し、写真部に入った」

9行目「I joined a photo club when I entered junior high school,（私は中学校に入学して写真部に入った）」

オ「私はサンタへの手紙に『私の心には冬がとどまっているようです』と書いた」

23行目「I feel it's like winter staying in my heart and spring will never come.（私の心の中には冬がとどまっていて、二度と春が来ないのではと感じています）」

◉ 設問形式別アドバイス3

時間軸にそって、英文を並びかえる形式
① 各文を読んで、意味をつかむ。
② 各文の情報が書かれている部分を本文中から探し、印をつけておく。明確な「時」を表す語句がある場合は、「クリスマス・イブ」などと選択肢に書いておく。
③ 古い順に並べかえる。

問3　（1） Santa Claus lived in this world

解説　ベスが何を信じていたのかを、その前の部分から探す。直前に「I believed **Santa Claus lived in this world**（サンタ・クロースはこの世界に住んでいると私は信じていた）」とある。

（2） there was no Santa

解説　ベスが何を知ったかを、その前の部分から探す。直前に「I understood **there was no Santa**（サンタはいないということがわかった）」とある。

● 設問形式別アドバイス４

指示語（that, so など）の内容をたずねる形式
① 指示語の含まれる文の意味をつかむ。
② その文より前から、該当する部分を探す。

日本語訳

　５年前のことだが、私はそのクリスマスの日をまだ覚えている。その日の前までは、サンタ・クロースはこの世界に住んでいると私は信じていた。私がそう信じていたのは、彼が毎年、私にすてきなプレゼントをくれるからと、両親がいつも「サンタがくるのはあなたを愛しているからよ」と言っていたからである。しかし、その日、サンタはいないということがわかった。そのことを知っても私は悲しくはなく、とてもうれしかった。

　私は中学校に入学して写真部に入ったが、自分自身のカメラは持っていなかった。私の友だちはよいカメラを持っていて、私に「お父さんにカメラを買ってくれるように頼めばいいじゃない」と言った。私はそれを聞いて少し悲しく感じた。私の家族はお金持ちではないことを知っていた。それと私は父を避けたいと思っていたときでもあった。だから父には頼まなかった。私はなぜそのようであったのかはわからなかった。私は母とはよく話したが、父とは話さなかった。それは私にとっても父にとってもよいことではないのはわかっていた。クリスマス・イブに、私は次の手紙を書いた。

「サンタ様
　今年は、あなたが私のことを愛しているとは思っていないので、あなたが来てくれないのではないかと心配しています。私は父親を避けている悪い娘です。どうしてそんなふうになるのかわかりません。自分を変えたいのだけど、できません。私の心の中には冬がとどまっていて、二度と春が来ないのではと感じています。
　　　　　　　　　　　　　　　　　　　　　　　　　　　　　　　　　ベスより」

　その翌日、私は次のカードが付いたプレゼントを見つけた。

「ベス様
　あなたがよい女の子であることは知っています。冬は同じ場所にとどまっていないことをあなたに知ってもらいたいです。ベス、私はいつもあなたを愛しています。
　　　　　　　　　　　　　　　　　　　　　　　　　　　　　　　　　サンタ・クロースより」

　私はやさしい言葉とプレゼントをもらってとても幸せだった。箱を開けるとカメラがあった。「まあ、サンタさん！　どうして私がカメラをほしがっていたことがわかったの？」。私はとてもうれしかったので、それを持って踊り始めた。すると、小さな紙切れがそこから落ちた。私はその紙を拾い上げ、そこに何かが書かれているのを見つけた。そこには私の町にある店の名前と父の名前があった。それは父が買ったカメラの保証書だった。
　数分後、私はすべてを理解した。父がいつも私のことを思っていてくれたことがわかった。父が私を見るときの目がいつも温かかったことも思い出した。私は小さな声で、「私のことを最も愛してくれるもう１人のサンタさんを見つけたわ。私の冬は去って、春が来ている気がするわ。あなたを愛しています、私のサンタさん」と言った。

Lesson 18

(54ページ)

> **解答**
> 問1 エ
> 問2 (1) ア　　(2) イ　　(3) エ
> 問3 ウ、エ、ク

問1 エ（Are you helping your family with the housework?）

解説 スピーチの最後に、聞き手（聴衆）に対してどんな質問をしたのかを考える。スピーチでは、この春、母親の入院をきっかけに、父親や姉が行っていた家事を幸司も手伝うようになり、それによって幸司の心が変化した様子が述べられている。また、スピーチの最後44行目に「Now I am sharing the housework and enjoying conversations with my family.（現在、ぼくは家事を分担して家族と会話を楽しんでいます）」とある。そうした内容を踏まえて、「みなさんはどうですか？」と聞いたと考えられる。

問2 （1）ア（She wanted him to share the housework with his father and sister.）

解説 質問「幸司の母親は入院しているとき、幸司に何をしてほしいと思っていましたか」に該当する部分を本文中から探す。第4段落で入院中の母親と幸司が会話を交わしている。以下の母親のセリフに注目。

20行目「Are you helping them with the housework?（彼ら（＝父親と姉）が家事をするのを手伝っているの？）」

21行目「It is very important for us to help each other.（お互いに助け合うのがとても大切でしょ）」

（2）イ（Because he talked with them more than before.）

解説 質問「幸司はなぜ父親や姉のことをより理解できるようになったのですか」に該当する部分を本文中から探す。

32行目「I understood them better through the conversations with them.（ぼくは彼ら（＝父親と姉）との会話を通じてもっと彼らのことを理解しました）」。なぜそうなったのかは、その直前で説明されている。

29行目「I began to spend more time talking with them. We talked about many things, such as their work, my school, and the future.（ぼくはより多くの時間を彼らと話して過ごし始めました。ぼくたちは仕事のこと、学校のこと、将来のことなどたくさんのことについて話しました）」

（3） エ（The happy faces of his father and sister.）

解説 質問「幸司は忙しくなりましたが、うれしく感じました。何が幸司をうれしく感じさせたのですか」に該当する部分を本文中から探す。

33行目「I was busy, but I was glad when I saw their happy faces.（忙しかったけれど、彼ら（＝父親と姉）の幸せそうな顔を見ると、ぼくもうれしかったのです）」

● 設問形式別アドバイス5

英語の質問の答えを選んだり、完成させたりする形式
① 質問の意味をつかむ。
② その質問の内容が書かれている部分を本文中から探す。
③ その前後の情報から答えとなるものを探す。

問3 ウ、エ、ク

解説 選択肢に該当する部分を探して、内容が合っているかどうかを確かめる。

ア「幸司の家族は5人家族である」
21行目の母親のセリフ「We are a family of four.（私たちは4人家族よ）」から誤りとわかる。

イ「幸司の母親は病院の看護師である」
9行目「This spring, my mother got sick and had to stay in the hospital for about a month.（この春、母が病気になり、1か月ほど入院しなければなりませんでした）」とあるが、看護師かどうかは書かれていない。

ウ「幸司は病院で母親と話すまでは家事をしなかった」
25行目「From that day, I began to help my father and sister with the housework.（その日（＝病院で母親と話した日）から、ぼくは父と姉が家事をするのを手伝い始めました）」など。

107

エ「幸司の母親は入院しているとき、家族のことを心配していた」

19行目「I'm afraid your father and sister are very tired.（あなたのお父さんとお姉さんがとても疲れているようで心配だわ）」など。

オ「幸司の姉は毎日風呂場をきれいにする」

27行目「I also started to clean the bathroom.（また風呂場もきれいにし始めました）」から、風呂場の掃除は幸司の役目だとわかる。

カ「幸司は今春以来、家族が家事をするのを手伝っていない」

44行目「Now I am sharing the housework and enjoying conversations with my family.（現在、ぼくは家事を分担して家族と会話を楽しんでいます）」などから、誤りだとわかる。

キ「幸司の父はふつう帰宅する途中で夕食のための買い物をする」

買い物については、15行目「My father and sister went to the hospital shop to buy something my mother needed.（父と姉が母の必要なものを買いに病院の売店に行きました）」に、夕食については28行目「Sometimes I helped my father and sister to prepare dinner.（ときどき夕食の準備をする父と姉の手伝いもしました）」に出てくるが、このような情報は書かれていない。

ク「幸司は今は家族を手伝うためにいくらか家事を行っている」

44行目「Now I am sharing the housework and enjoying conversations with my family.（現在、ぼくは家事を分担して家族と会話を楽しんでいます）」など。

● 設問形式別アドバイス６

英文の内容が合っているか、間違っているかを判断する形式
① 英文の意味をつかむ。
② その英文の内容が書かれている部分を本文中から探す。
③ 両者の内容が一致しているか判断する。

日本語訳

　今日、ぼくはこの春に経験したことについて話したいと思います。

　ぼくの父と母は２人とも働いていて、毎日とても忙しくしています。姉も働いています。現在、私たちはみんなお互いに家事を手伝っています。しかし、この春までぼくは家族を手伝うために何もしていませんでした。家族が家事を分担したときも、ぼくは部屋にいて大好きな音楽を聞いていました。

　この春、母が病気になり、１か月ほど入院しなければなりませんでした。父と姉は家でもしなければならない仕事が増えてより忙しくなりました。彼らはとても疲れているようでした。姉はぼくに手伝ってもらいたいようでしたが、ぼくは何もしませんでした。

　ある日曜日、ぼくたちは病院に行って母を訪ねました。父と姉が母の必要なものを買いに病院の売店に行きました。そのとき、母はぼくに「幸司、今日は来てくれてありがとう。さみしく感じてない？　あなたがいなくて私はさみしいわ。家に帰りたくても帰れないの。あなたのお父さんとお姉さんがとても疲れているようで心配だわ。彼らが家事をするのを手伝っているの？」と言いました。ぼくは「ううん」と言いました。そうしたら、母は「私たちは４人家族よ。お互いに助け合うのがとても大切でしょ。あなたのお父さんとお姉さんは今、あなたの助けが必要なのよ。あなたは家で何をすべきかわかっていると私は思っているの」と言いました。母の目には涙があふれていました。

　その日から、ぼくは父と姉が家事をするのを手伝い始めました。夕食後は姉と一緒に皿を洗い始めました。また風呂場もきれいにし始めました。ときどき夕食の準備をする父と姉の手伝いもしました。ぼくが手伝ったとき彼らはうれしそうでした。ぼくはより多くの時間を彼らと話して過ごし始めました。ぼくたちは仕事のこと、学校のこと、将来のことなどたくさんのことについて話しました。ぼくは彼らとの会話を通じてもっと彼らのことを理解しました。忙しかったけれど、彼らの幸せそうな顔を見ると、ぼくもうれしかったのです。

　１か月がたち、母が病院から帰ってきました。ぼくたちはみなうれしく感じました。母はぼくに「あなたがお父さんやお姉さんをたくさん手伝ってくれたことは知っているわ。家事を分担してくれてありがとうね。私たちはあなたが家族の大切な一員であることを学んでくれてとてもうれしいの」と言いました。ぼくは自分自身を誇りに思いました。

　この経験でぼくは変わり、そして大切なことを学びました。他人を手伝うことで自分もうれしい気持ちになるということです。もちろんそれは他人もうれしい気持ちにさせます。

　現在、ぼくは家事を分担して家族と会話を楽しんでいます。

　みなさんに質問をしたいと思います。［家族が家事をするのを手伝っていますか。］

Lesson 19　　　　　　　　　　　　　　　　　　　　　　　　　　（58ページ）

> **解　答**　問1　イ
> 問2　（1）Yes, there are.　（2）An old man did.
> 　　　（3）He found some flowers.
> 問3　（1）公民館で行われている週末の活動に参加してほしかったから。
> 　　　（2）子どもたちがおもちゃを作るのを健太と久美子が手伝ったから。
> 　　　（3）私たちは周りの環境にもっと関心をもつべきだということ。

問1　イ（learned a lot of things）

解説　健太は公民館での活動を通じて多くの人たちと出会い、どうしたのか。選択肢に該当する部分を探して、内容が合っているかどうかを確認する。

ア「多くのお年寄りの世話をした」

「take care of」に注目すると、25行目の年配の女性のセリフ「When I was a child, children of different ages played together and older children **took care of** younger children.（私が子どものときは違った年齢の子どもたちが一緒になって遊んでいて、年長の子どもたちが幼い子どもたちの面倒を見たものよ）」が見つかる。健太は子どもたちがおもちゃを作るのを手伝ったのであって、お年寄りの面倒を見たわけではない。したがって、誤り。

イ「たくさんのことを学んだ」

12行目「I can learn a lot of useful things from them.（民話から役に立つことをたくさん学ぶことができるね）」、42行目「You have noticed a very important thing.（とても大切なことに気がつきましたね）」など、さまざまなことを学んだ様子が書かれているので、結論の文として最もふさわしい。

ウ「たくさんの魚をつかまえた」

39行目の久美子のセリフ「I'll help to clean the river because I want to see more fish.（もっと魚を見たいから、川をきれいにするのを手伝います）」から、健太は魚をつかまえたのではないことが想像できる。

エ「多くの民話を読んだ」

8行目「Many children were there, and an old man told us some folk tales.（たくさんの子どもたちがそこにいて、年配の男性がぼくたちに民話をいくつか話してくれた）」から、健太は民話を読んではいない。

問2　（1）Yes, there are.

解説　質問「毎週土曜日に公民館でたくさんの活動がありますか」に該当する部分を本文中から探す。

2行目「There are many activities at the community center every Saturday.（公民館で毎週土曜日にたくさんの活動があるのよ）」から、質問は正しいことがわかる。したがって、「Yes」で始まる英文で答える。

（2）An old man did.

解説　質問「公民館で、だれが民話を話しましたか」に該当する部分を探す。

8行目「Many children were there, and an old man told us some folk tales.（たくさんの子どもたちがそこにいて、年配の男性がぼくたちに民話をいくつか話してくれた）」から、「an old man」が話したことがわかる。

（3）He found some flowers.

解説　質問「健太が川のそばで見つけたものは何ですか」に該当する部分を探す。場所が「by the river（川のそばで）」なので「fish」は当てはまらない。

33行目「I found some flowers by the river, but I didn't know their names.（川のそばでいくつかの花を見つけたが、それらの名前はわからなかった）」

● 設問形式別アドバイス7

英問英答の形式
① 質問の英文の意味をつかむ。
② その英文の内容が書かれている部分を本文中から探す。
③ 質問に対する答えの形式に気をつけて解答する。
　(a) Yes か No で答える疑問文
　　[例] Did Kenta find many flowers by the river? ― Yes, he did.
　(b) 疑問詞で始まる疑問文
　　[例] Where did Kenta find many flowers? ― He found them by the river.
　(c) 疑問詞が主語となっている疑問文
　　[例] Who found many flowers by the river? ― Kenta did.
　　　　Who has a lot of homework? ― Miki does.
　　　　What will make him happy? ― The present will.

問3 (1) 公民館で行われている週末の活動に参加してほしかったから。(28字)

解説 下線部①「久美子とぼくはクラスメートにその活動のことを話した」のはなぜか、その理由を下線部の前から探す。

14行目「I hope more junior high school students will take part in the weekend activities.（中学生がもっと週末の活動に参加してくれるといいのですが）」という佐藤さんのセリフを受けて、2人はクラスメートに週末の活動に参加してほしいと思ったから。

(2) 子どもたちがおもちゃを作るのを健太と久美子が手伝ったから。(29字)

解説 下線部②「どうもありがとう」は、子どもたちが久美子と健太に言ったお礼。なぜお礼を言ったのか、その理由を下線部の前から探す。

21行目「It was hard for some children to make toys by themselves, so Kumiko and I helped them.（一部の子どもたちには自分たちでおもちゃを作るのは難しかったので、久美子とぼくが手伝ってあげた）」を30字以内でまとめる。

(3) 私たちは周りの環境にもっと関心をもつべきだということ。(27字)

解説 下線部③「とても大切なことに気がつきましたね」の前の健太のセリフを探す。

40行目「I think we should be more interested in our environment.（ぼくたちは周りの環境にもっと関心をもつべきだと思います）」を30字以内でまとめる。

● 設問形式別アドバイス8

日本語でまとめる形式
① 答えが書かれている部分を本文中から探す。
② 質問に対する解答を指定された字数でまとめる。
　【まとめ方】
　(a) 理由をたずねるタイプ
　　「なぜ〜」「どうして〜」→「○○なので」「○○だから」
　(b) 語句の意味などをたずねるタイプ
　　「○○とは何か」「○○とはどのようなことか」「○○の内容を書きなさい」
　　　→「○○（という）こと」

(c) 意見などをたずねるタイプ
「○○はどう思っているか」「○○の意見は何か」
→「○○と考えている」「○○という意見（考え）」

日本語訳

　ある金曜日の午後、ぼくは教室で久美子と話していた。久美子は「公民館で毎週土曜日にたくさんの活動があるのよ。私は明日、民話を聞きに行くつもりなの。一緒に行かない？」と言った。ぼくは「いいよ。おもしろそうだね」と言った。

　その翌日、久美子とぼくは公民館へ行った。職員がぼくたちを歓迎してくれた。その人の名前は佐藤さんだった。たくさんの子どもたちがそこにいて、年配の男性がぼくたちに民話をいくつか話してくれた。こうした民話を聞いたのはぼくにとって初めてだった。久美子は「民話はとてもおもしろいわね。もっと聞いてみたいわ」と言った。ぼくは「ぼくたちの町に関わる民話がこんなにたくさんあるなんて知らなかったよ。民話から役に立つことをたくさん学ぶことができるね」と言った。佐藤さんは「来てくれてありがとう。中学生がもっと週末の活動に参加してくれるといいのですが」と言った。そこでその次の週、①久美子とぼくはクラスメートにその活動のことを話した。すると何人かの人が興味をもって、「次回は行きたいな」と言ってくれた。

　次の週末には、何人かのお年寄りが公民館に来て、おもちゃの作り方をぼくたちに教えてくれた。ぼくたちは身の回りにあるものを使ってたくさんのおもちゃを作った。一部の子どもたちには自分でおもちゃを作るのは難しかったので、久美子とぼくが手伝ってあげた。子どもたちは「②どうもありがとう。一緒におもちゃで遊ぼうよ」と言った。ぼくらはそれを聞いてとてもうれしかった。年配の女性が「私が子どものときは違った年齢の子どもたちが一緒になって遊んでいて、年長の子どもたちが幼い子どもたちの面倒を見たものよ」と言った。別の年配の女性が、「私が子どものときはそんなにたくさんのおもちゃはなかったわ。だから私たちは身の回りのものを使って遊んで楽しんでいたものよ」と言った。ぼくは、「今はぼくたちにはたくさんのおもちゃがあるけれど、自分自身の手でおもちゃを作るととても楽しいですね」と言った。

　野外の活動にも参加した。ぼくたちは公民館の近くの川にそって歩いた。川のそばでいくつかの花を見つけたが、それらの名前はわからなかった。魚も見た。佐藤さんが、「数年前はとても汚れていたので、この川には魚がいませんでした。町の人たちが川をきれいにしたから、今では魚がいくらか見られるのです。もし川がもっときれいになれば、魚がもっと戻ってきます」と言った。久美子が、「もっと魚を見たいから、川をきれいにするのを手伝います」と言った。「ぼくたちは周りの環境にもっと関心をもつべきだと思います」とぼくは言った。佐藤さんはほほ笑んで、「③とても大切なことに気がつきましたね」と言った。

　公民館での週末の活動に初めて参加してから数か月がたった。その活動を通じて、ぼくは多くの人々に会い、多くのことを学んだ。

Lesson 20

(62ページ)

> **解答**　問1　イ　　問2　(1) イ　(2) エ　(3) ア　　問3　オ

問1　イ（友だちとボランティア活動を始める）

解説　ボランティア活動に興味を持ったトモコが、カナやメグミたちと一緒にボランティア活動を始めたというのが、この対話文のあらすじ。したがって、イが正解。ア、ウ、エの情報はどれも本文には書かれていない。

64行目以下「By the way, I found that **some of my friends** are also interested in volunteer work. So we're going to start a volunteer club. We want to **visit the nursing home** every month. And we want to **clean this town**, too.（ところで、私の友だちの何人かもボランティアの仕事に興味をもっていることを知りました。そこで、ボランティア・クラブを始めようと思います。毎月、老人ホームを訪れたいと思っています。それからこの町もきれいにしたいです）」から、友だちと一緒にボランティアをやること、その対象は老人ホームの訪問と町の清掃だとわかる。

問2　(1) イ（helped people from foreign countries.）

解説　「トモコが鎌倉駅で見かけた若者は」に続く文を考える。

9行目「He came to Kamakura Station every month and helped people from other countries.（彼は毎月鎌倉駅に来て、他の国から来る人たちを手助けしていた）」から、イが正解だとわかる。

(2) エ（helped people at three different places in his town.）

解説　「ブラウン先生がアメリカで学生だったとき、彼は」に続く文を考える。

34行目「When I was a student, I visited a hospital, a farm and a school in my town.（私が学生だったとき、町にある病院、農場、学校を訪れました）」から、ブラウン先生は病院、農場、学校という3か所でボランティア活動をしたことがわかる。

（3）ア（find volunteer work in the town.）

解説　「トモコは〜するためにコンピュータ・ルームに行った」。to 以下は「〜するために」という意味の不定詞。何のために行ったのか、その目的を「computer room」というキーワードの周辺から探す。

43行目のブラウン先生のセリフ「You can find one on the Internet. Go to the computer room when you have time.（（ボランティアの仕事は）インターネットで見つけることができます。時間があるときにコンピュータ・ルームに行ってみなさい）」から、アが正解だとわかる。

● **設問形式別アドバイス9**

あとに語句を続けて英文を完成させる形式
① 英文の意味をつかむ。
② その英文の内容が書かれている部分を本文中から探す。
③ その前後の情報から答えとなる情報を探す。

問3　オ（C − A − B）

解説　(1) のあとに「We enjoy both very much.（私たちは両方ともとても楽しんでいます）」とあるので、この前の部分で「both」が指す2つの内容が述べられていなければならない。選択肢の中で、2つの内容が述べられているのはC「毎月老人ホームを訪れ、町をきれいにしています」だけなので、(1) はC。

(2) と (3) の間には「because」があるので、(2) には「何らかの行動」が入り、(3) には「それをした理由」が入る。残った選択肢のA「いくつか他のこともするつもり」は行動、B「助けを必要としている多くの人がいるとわかった」はその理由となる。したがって (2) はA、(3) はB。

● 設問形式別アドバイス 10

要約させたり、別の形式で英文を完成させたりする形式
(対話文を、手紙文やスピーチ文など別の形式にして、内容が理解できているかを問う問題など)
① 関連した部分を本文中から探す。
② 空所補充の場合は、そこに適した語は何か（名詞、動詞など）を考えて解答する。

日本語訳

  トモコは横浜に住んでいる高校生である。
 ある日、彼女は友だちのカナとメグミと一緒に鎌倉に行った。鎌倉駅で、彼女らは鎌倉を訪れている人たちに1枚の紙を見せている若者を見かけた。それには英語で、「鎌倉を無料で案内します」と書いてあった。トモコはそれにとても興味をもち、その若者に質問をいくつかした。彼は鎌倉に住んでいる日本の大学生だった。彼は毎月鎌倉駅に来て、他の国から来る人たちを手助けしていた。
 その翌日、トモコは英語のブラウン先生にその若者のことを話した。

ブラウン先生：それはおもしろいですね。私が鎌倉に行ったときは、彼のような人は見かけませんでしたが。
　　トモコ：彼が言うには、何人かの大学生が同じことをしているそうです。私たちが鎌倉駅の近くの道を歩いていたときに、外国から来た人たちと話していた若い女性を見かけました。彼女も大学生だと言っていました。彼女はそのときはオーストラリアから来た人たちの手助けをしていました。
ブラウン先生：それは大変な仕事だと思いますが、その学生たちはそこから多くのことを学べますね。たとえば、自国のことを学ぶことができます。また、他の国から来た人たちと話すことで、それらの国々についても学ぶことができます。それから、英語の練習にもなりますし。
　　トモコ：はい。先生がアメリカにいたとき、だれかのために無料で町の案内をしましたか。
ブラウン先生：いいえ。でも違ったことはいくつかしましたよ。ボランティアとして働くことは私の国ではとても人気があるのです。私が学生だったとき、町にある病院、農場、学校を訪れました。そこの人たちの手伝いをして多くのことを学びました。まだ、それらのことはとてもよく覚えていますよ。
　　トモコ：他の人たちの手助けをするということが、とても大切なのはわかっています。でも……。
ブラウン先生：もし、あなたがボランティアとして働きたいのなら、この町でもできることがありますよ。
　　トモコ：どうすれば私にとってよいボランティアの仕事を探すことができますか。

ブラウン先生：インターネットで見つけることができます。時間があるときにコンピュータ・ルームに行ってみなさい。
トモコ：わかりました。ありがとうございました、ブラウン先生。
ブラウン先生：どういたしまして。よい仕事が見つかるとよいですね。

2週間後、トモコは昼食時にブラウン先生に会いに行った。

トモコ：先週、コンピュータ・ルームに行って、ボランティアが必要な老人ホームをインターネットで見つけました。カナとメグミにその仕事について話したところ、彼女らも興味をもちました。そこで、私たちは昨日、一緒に老人ホームに行き、そこのお年寄りの手助けをしました。私たちが帰るとき、彼らは何度も「ありがとう」と私たちに言ってくれました。彼らは「また来てくださいね」とも言いました。私たちはそれを聞いて、とてもうれしかったです。
ブラウン先生：仕事は楽しかったですか。
トモコ：はい、とても。お年寄りと話したり歌ったりするのはとても楽しかったです。別の学校からも5人の生徒が来ていました。その人たちはお年寄りを手助けする方法を知っていて、私たちに教えてくれました。ところで、私の友だちの何人かもボランティアの仕事に興味をもっていることがわかりました。そこで、ボランティア・クラブを始めようと思います。毎月、老人ホームを訪れたいと思っています。それからこの町もきれいにしたいです。
ブラウン先生：それはすばらしい！　もし助けが必要なら、他の先生方や私もあなたたちのお手伝いをしますよ。
トモコ：ありがとうございます、ブラウン先生。

問3のメールの日本語訳

　こんにちは、ブラウン先生。お元気ですか？　友だちと私は3か月前にボランティア・クラブを作りました。私たちは (1)(毎月老人ホームを訪れ、町をきれいにしています)。私たちは両方ともとても楽しんでいます。私たちは (2)(いくつか他のこともするつもりです。) なぜなら、私たちは (3)(助けを必要としている多くの人がいるとわかったからです)。

テスト 1・2003 東京

解答
問1　ウ
問2　chair
問3　(1) ウ　　(2) ア　　(3) イ
問4　(1) John's mother and father did. [John's parents did. でも正解]
　　　(2) He saw the new chair.

問1　ウ (how much the old chair meant to his grandfather)

解説　下線部 (1)「John did not understand.（ジョンは理解できなかった）」は後ろが省略された形なので、省略された内容をその前から探す。

11行目「This chair is very old, but it means a lot to me.（このイスはとても古いが、私にとってとても重要なんだよ）」から判断する。「mean a lot to me」は「私にとって大きな意味がある＝私にとってとても重要である」の意味。

ア「父親がいつ生まれたのか」
イ「なぜ自分がおじいさんと一緒に家にいなければならないか」
ウ「その古いイスがおじいさんにとってどれくらい意味があるのか」
エ「だれが来て、おじいさんの古いイスを取っていくのか」

問2　chair

解説　下線部 (2)「They have gone through a lot together.（彼らは一緒に多くのことを経験してきたんだ）」の「They」がだれ（複数の人）を指すのか、その前から探す。

36行目「Don't throw away this chair! It's like a friend to Grandfather.（このイスを捨てちゃダメだよ！ それはおじいさんにとって友人のようなものなんだ）」。イスは物だが、おじいさんの友人だと言っているので、おじいさんとイスのことを指すことがわかる。

問3　(1) ウ (when he sat in his chair and closed his eyes)

解説　「ジョンのおじいさんは（〜のとき）ジョンのおばあさんが近くにいるように

感じると言った」。「grandmother」「feel」「near」などを手がかりに探す。

14行目「That was a long time ago, but when I sit in this chair and close my eyes, I **feel** she（＝**grandmother**）is **near**.（それは昔のことだが、このイスに座って目を閉じると、彼女がそばにいる気がするんだ）」から、ウが正解だとわかる。

(2) ア（understood that the chair was like a friend to his grandfather）

解説　「ジョンのおじいさんは彼の古いイスのことをジョンに話し、ジョンは」に続く内容を考える。第2〜第5段落でおじいさんはジョンにイスのことを話している。

ア「そのイスがおじいさんにとって友人のようなものだと理解した」。
24行目「"I **understand** now," John said. "This old chair is **like a friend** to you."（「今、わかったよ。この古いイスはおじいさんにとって友だちのようなものなんだね」とジョンが言った）」。したがって、これが正解。

イ「ほほ笑んで、そのイスのひじかけを見た」のはおじいさん（15行目）。

ウ「泣き続けたが、そのイスが私を慰めてくれた」のもおじいさん（22行目）。

エ「誕生日のプレゼントとしておじいさんに新しいイスを買おうと思った」のは母親（5行目）。

(3) イ（he ran out and shouted, "Wait! Don't take that chair."）

解説　「ジョンがゴミ収集車の音を聞いたとき」に続く内容を考える。「garbage truck」を手がかりに本文を探す。

32行目「Then he heard the sound of the **garbage truck**. He ran out. A man was just picking the chair up. "Wait! Don't take that chair," John shouted.（そのとき、彼はゴミ収集車の音を聞いた。彼は外に走って行った。男がちょうどイスを拾い上げるところだった。「待って！　そのイスを持って行かないで！」とジョンは叫んだ）」から、イが正解だとわかる。

問4　(1) John's mother and father did.［John's parents did. でも正解］

解説　質問「夜遅くにだれがその古いイスを運び出したのですか」に対する答えを考える。「carried the old chair out」「late in the evening」を手がかりに探す。

26行目「**Late in the evening**, John's mother and father came home with a new chair. John and his grandfather were already sleeping. John's mother and father put the new chair in the living room and **carried the old chair out**.（夜遅く、ジョンの母親と父親が新しいイスを持って家に帰ってきた。ジョンとおじいさんはすでに寝ていた。ジョンの母親と父親は新しいイスを居間に置き、古いイスを運び出してしまった）」から、イスを運び出したのはジョンの両親。

(2) He saw the new chair.

解説　質問「朝、ジョンのおじいさんが居間にある彼の古いイスに座ったあと、彼は何を見ましたか」に対する答えを考える。「morning」「living room」「sit down」「see」を手がかりに本文を探す。

41行目「"Good **morning**, everyone," John's grandfather said when he walked into the **living room**. He **sat down** in his old chair. Then he **saw** the new chair in the room.（「おはよう、みんな」とおじいさんが居間に入ってきて言った。彼は古いイスに腰を下ろした。そのとき彼は部屋にある新しいイスを見た）」から、おじいさんが見たのは新しいイスだとわかる。

日本語訳

「お母さん、ただいま」とジョンが言って居間に走り込んできた。ジョンの母親が、「お帰り、ジョン。今日は学校どうだった？」と言った。ジョンはおじいさんの古いイスに座って、学校のことを話し始めた。しばらくして、「おじいさんはどこなの？」とたずねた。母親は「公園を散歩しているわ」と答えた。「明日はおじいさんの誕生日でしょ。誕生日のプレゼントとして新しいイスを買おうと思っているの。どう思う、ジョン？」「それはよい考えだね。このイスは古すぎるから」とジョンは言った。

その晩、ジョンの母親と父親が外出した。ジョンはおじいさんと家にいた。おじいさんは古いイスに座っていた。ジョンは、「おじいさんのイスはずいぶん古いよね。新しいのがほしくない？」と言った。おじいさんは、「いや。このイスはとても古いが、私にとってとても重要なんだよ。たぶんおまえにはわからないよ、ジョン」と言った。(1)ジョンは理解できなかった。少し間をおいて、おじいさんは「おまえのおばあさんに結婚を申し込んだときも、私はこのイスに座っていたんだよ。それは昔のことだが、このイスに座って目を閉じると、彼女がそばにいる気がするんだ」と言った。彼はほほ笑んで、そのイスのひじかけを見た。

「おまえのお父さんが生まれたとき、私はこのイスに座っていた。その小さな赤ん坊を

この腕に抱いたとき、私はとても幸せだった」とおじいさんは満面の笑みで言った。ジョンはそのイスがおじいさんには何かとても大切なものであることがわかり始めていた。
「何年も経って……」おじいさんはそう言って話すのをやめた。彼のほほ笑みは消えていた。「医者が私を呼んでおまえのおばあさんが亡くなったことを告げたとき、私はこのイスに座っていた。私は泣き続けた。私はとても悲しかったが、このイスが私を慰めてくれた」。ジョンはおじいさんの目に涙を見た。
「今、わかったよ。この古いイスはおじいさんにとって友だちのようなものなんだね」とジョンが言った。「そうだよ、ジョン。私たちは一緒にたくさんのことを経験してきたんだよ」とおじいさんが言った。

夜遅く、ジョンの母親と父親が新しいイスを持って家に帰ってきた。ジョンとおじいさんはすでに寝ていた。ジョンの母親と父親は新しいイスを居間に置き、古いイスを運び出してしまった。

翌朝、ジョンは起きて、居間に入った。おじいさんの古いイスはそこにはなかった。「あのイスは運び出したぞ。ゴミ収集車がまもなく来て、持って行ってくれるだろう」と父親は言った。ジョンは驚いた。そのとき、彼はゴミ収集車の音を聞いた。彼は外に走って行った。男がちょうどイスを拾い上げるところだった。「待って！ そのイスを持って行かないで！」とジョンは叫んだ。「それはぼくのおじいさんのイスです。おじいさんにはまだ必要なんです」。ゴミ収集車はそのイスを取らないで去っていった。

そのときジョンの母親と父親が出てきた。ジョンは、「このイスを捨てちゃダメだよ！ それはおじいさんにとって友人のようなものなんだ。(2)彼らは一緒に多くのことを経験してきたんだ」と言った。彼は両親にその古いイスについてもっと多くのことを教えた。両親は彼の言うことを聞いた。ジョンの父親は、「私たちはとても大切なことをおまえから学んだよ、ジョン。ありがとう」と言った。ジョンはうれしかった。そしてそのイスを家の中に運び込んだ。

「おはよう、みんな」とおじいさんが居間に入ってきて言った。彼は古いイスに腰を下ろした。そのとき彼は部屋にある新しいイスを見た。ジョンの母親が、「それはジョンのイスなの」と言った。ジョンは驚いた。「ジョンはいい子だから、私たちがジョンに買ってあげたの」と彼女は言った。「そうだ、ジョンはいつだってすばらしいよ」とおじいさんが言った。

テスト 2・2004 都立戸山高等学校 (74ページ)

解答
問1　ア
問2　see（living）dolphins［visit the aquarium でも正解］
問3　ウ
問4　エ
問5　dolphin − ア　　chimpanzee − イ
問6　How do they［＝（the）dolphins］feel
問7　communicating

問1　ア（The writer did not know what he needed to do then.）

解説　下線部(1)「その答えは見つからなかった」から、何に対する答えなのかを、それより前から探す。

3行目「Maybe there are a lot of things to do to be a dolphin trainer. Then what should I do now?（おそらくイルカの調教師になるためにはやるべきことがたくさんあるのだろう。それなら今、私は何をすればよいのだろう）」と自問しているから、アが正解だとわかる。

ア「著者はそのとき自分が何をする必要があるかわからなかった」
イ「著者は高校で学ぶ理由がわからなかった」
ウ「著者はイルカに関する本が置いてある図書館を知らなかった」
エ「著者は彼の両親の言葉が何を意味するのかがわからなかった」

問2　see（living）dolphins［visit the aquarium でも正解］

解説　下線部(2)「My plan went well.（私の計画はうまくいった）」と設問文「著者は祖父の家に滞在する間、　　　したがっていた」から、「plan」「want to」「grandfather」などを手がかりに、どんな計画なのかを、それより前から探す。to のあとなので動詞の原形が入る。

11行目「I **wanted to** see living dolphins more than before. I did not think my parents liked my idea, so I made a **plan**. I said to my parents, "I've not seen my **grandfather** for six years. I want to go to see him."（私は以前にも増して生きているイルカを見たかった。私の両親が私の考えを気に入るとは思わなかったので、私はある計画を立てた。私は両親に、「ぼくはお

じいさんと 6 年間も会っていない。おじいさんに会いに行きたい」と言った）」から、「see living dolphins」が正解だとわかる。

問3　ウ（You should study after work.）

解説　下線部（3）「約束を忘れないように」の約束とは何かをそれより前から探す。

30行目の著者のセリフ「I will work in the aquarium from nine to five and then study in the evening every day.（水族館で 9 時から 5 時まで働いて、それから毎日、晩には勉強するよ）」を受けて、父親が「OK.」と許可を出していることから、ウが正解だとわかる。

　ア「おまえはイルカの調教師にならなければならない」
　イ「おまえは晩にはイルカを見なければならない」
　ウ「おまえは仕事の後に勉強すべきだ」
　エ「おまえは水族館で仕事を得ることができる」

問4　エ（④ - ① - ③ - ②）

解説　②の「So」や③の「And」は前の文とのつなぎ言葉なので、最初の文にはならない。そこで、①と④を比べると、④「イルカは群れで生活して、それぞれの群れにはリーダーがいる」が先に来ないと、①「それぞれの群れで、イルカたちは互いにとても親近感をもっている」の意味がわからない。したがって、頭から順に④→①が決まる。①「互いに親近感をもっている」と③「そして、彼らは私たちのように互いを必要としている」はよく似ている。この 2 つをつなげて、その結果、②「だから、もしイルカが 1 頭だけになってしまうと、ときには病気になって死んでしまう」ともってくれば、話はスムーズにつながる。

問5　dolphin - ア　　chimpanzee - イ

解説　下線部（5）「水族館での最終日に、その調教師が私に本を見せてくれて、もう 1 つおもしろいことを教えてくれた」より後ろから、「もう 1 つおもしろいこと」の内容を探す。

41行目「Dolphins come next to man.（イルカはヒトの次なんだ）」から、man（ヒト）の次に数字が大きいのが dolphin だとわかる。

46行目「Chimpanzees come next to dolphins.（チンパンジーはイルカの次

なんだ)」から、その次に大きいのが chimpanzee だとわかる。

問6 How do they [＝(the) dolphins] feel

解説　下線部(6)「私はいつもそのことを他の調教師に話している」から、どんなことを話しているのか、それより前から探す。

58行目「We must always think how the dolphins feel.（私たちはイルカたちが何を感じているのか常に考えなければならない）」の部分を□に適するように直す。□は" "にはさまれているので、実際に話すセリフの形にする。

問7 communicating

解説　「特に、彼はイルカの知能と彼らの□の方法に興味をもった」から、著者がイルカの知能以外に興味をもったのは何かを本文中から探す。

イルカの知能については、第5段落で調教師が著者に説明している。その後、46行目「Then, do dolphins *speak*?（それでは、イルカはしゃべれるのですか？）」という質問から、著者の関心はイルカが話せるかどうか、どのような方法でコミュニケーションをとるのかに移っている。空欄は「the way of □」の形なので、communicate をそれに適した形に直す。

日本語訳

　中学生だったとき、私はイルカの調教師になりたかった。なぜかはわからなかったが、なりたかった。私は何度も考えた、「私はテレビでイルカを見たことはあるけれど、近くで見たことはない。おそらくイルカの調教師になるためにはやるべきことがたくさんあるのだろう。それなら今、私は何をすればよいのだろう」と。図書館に行き、イルカの本をたくさん読んだ。(1)その答えは見つからなかった。しかし、私は彼らと仲よくなりたかったし、彼らを身近に感じていたかった。ある日、私は両親に、「ぼくはイルカの調教師になりたいんだ」と言った。しかし、両親は、「そんな夢みたいなことを言うのはやめなさい。物事はおまえが考えているようにはうまくいかないものだよ。将来の職業を決める前に一生懸命勉強しなければね」と言った。

　私が14歳のとき、私の祖父の家の近くに新しい水族館が建設された。その水族館には何頭かのイルカがいた。私は以前にも増して生きているイルカを見たかった。私の両親が私の考えを気に入るとは思わなかったので、私はある計画を立てた。私は両親に、「ぼくはおじいさんと6年間も会っていない。おじいさんに会いに行きたい」と言った。母が私に、「1人で行くつもりなの？」と聞いた。私は、「うん、ぼくは14歳だ。1人でも旅行できるよ」と答えた。父は、「いいだろう。1人で旅をするのは若者にとってよい経験だから」と言った。(2)私の計画はうまくいった。夏の間、私はおじいさんの家にいて、何度も何度も水族館を訪れた。私ははじめてイルカを間近で見た。彼らは泳ぎ回り、何度も私の近くに来た。私はとてもうれしくて、長い間、彼らをじっと見ていた。私はイルカをもっと愛するようになった。

　18歳の誕生日に、私は祖父から手紙をもらった。それには、「水族館が夏の間、仕事をする人を探している」と書かれていた。私は、「大きなチャンスだ！　水族館で働くことができる！　毎日イルカを見ることができる！」と思った。すぐに私はそのことを両親に話した。最初、両親はよい返事はしなかった。しかし、私はあきらめないで、毎日両親に頼んだ。1週間が過ぎ、父が私に、「おまえは将来何になりたいのだ。5年前におまえはイルカの調教師になりたいと言っていた。将来、水族館で働くつもりなのか」と言った。私は答えられなかった。父は、「おまえは大学に行くために一生懸命勉強しなければならない。おじいさんの家で毎日勉強するか」と言った。私は、「もちろん。水族館で9時から5時まで働いて、それから毎日、晩には勉強するよ」と答えた。ついに父は、「よろしい。行ってもいいぞ。(3)約束を忘れないように」と言った。

　水族館での初日、私は調教師に紹介された。彼は私にイルカのおもしろい生活について話してくれた。「(4)イルカは群れで生活して、それぞれの群れにはリーダーがいるんだ。それぞれの群れで、イルカたちは互いにとても親近感をもっている。そして、彼らは私たちのように互いを必要としている。だから、もしイルカが1頭だけになってしまうと、ときには病気になって死んでしまうんだ」。私は、「だから水族館では、調教師とイルカはとても親密で、一緒に泳ぐんだ」と思った。その翌日から、私はその調教師とイルカたちを注意深く観察した。ときにはイルカたちはその調教師のところに来て、彼はイルカたちに触れていた。

ときにはイルカたちは彼と一緒に泳ぎ回った。彼らは父とその子どもたちのようであった。

(5)水族館での最終日に、その調教師が私に本を見せてくれて、もう1つおもしろいことを教えてくれた。彼は、「この数字は脳の重さと体の重さの比率を示している。イルカはヒトの次なんだ。もしこの数字が動物の知性を表しているのなら、イルカがここに載っている他の動物よりも知性があることになる」と言った。私はとても驚いて、「ぼくが幼かったとき、チンパンジーは私たちにとても近いと習いました。だからチンパンジーが他の動物よりも知性的だと思っていました」と言った。彼は笑って、「イルカは私たちにとても近いんだよ。チンパンジーはイルカの次なんだ」と言った。「それでは、イルカはしゃべれるのですか？」と私はたずねた。彼は、「そうだよ。彼らはしゃべる。でも、彼らは私たちのような言葉は使わないけどね。彼らは笛のような音を使うんだ」と言った。私は、「だからイルカたちを呼ぶのに笛を使うのですね。私たちの世界でも、ある人々は互いにコミュニケーションをとるのに笛を使うと聞いたことがあります。イルカたちはこれらの笛の音を覚えて使うことができるのですか」と言った。彼は、「おそらくね、でも私たちにはわからない。君は将来、イルカの研究をしたらどうだい」と言った。このとき、私は父の質問に対する答えを見つけた。「ぼくはイルカを研究しよう。人にとってもイルカにとってもお互いを理解できるのはすばらしいことだから」と私は思った。

現在、私はイルカの調教師として祖父の家の近くにある水族館で働いている。そう、私が以前訪れたあの水族館で。私はここで3年間働いている。とても幸せに感じていて、毎日一生懸命働いている。私はイルカたちととても仲のよい友だちになった。仕事を通じて、とても重要なことがわかった。私たちはイルカたちが何を感じているのか常に考えなければならないということだ。(6)私はいつもそのことを他の調教師に話している。私はよく調教師たちに、「いつか私たちはイルカと話せるようになる。そうなったらみなさんは何を話しますか」とたずねる。私は必ずこう言う、「私たちのことをどう思っているかたずねるつもりだ」と。

問7の日本語訳

著者はイルカに興味を持っていたが、14歳になるまで近くで彼らを見る機会がなかった。18歳のとき、彼は水族館で働いた。彼はイルカの調教師からイルカについてたくさんのことを学んだ。特に、彼らの知能と コミュニケーションをとる 方法に興味をもった。この経験を通じて、彼はイルカを研究しようと決めた。そして今、彼はイルカの調教師である。

テスト3・2003 慶應義塾高等学校　(80ページ)

解答　1. A　2. D　3. A　4. B　5. B
　　　　 6. D　7. D　8. C　9. A　10. C

1.　A（it probably meant a new job）

解説　「アンはライトが点滅しているのを見てうれしく思うべきだと考えた、なぜなら」に続く理由を考える。「blinking light」が手がかりになる。

3行目「I remembered that I should be happy to see **the light**. It was my own business after all — Ann Ryan, Private Detective — and I needed the work.（それから、そのライトを見てうれしく思うべきだということを思い出した。だって、それが私のビジネスなのだから — アン・ライアン、私立探偵 — 私には仕事が必要だった）」から、（留守番電話の）ライトの点滅は、新しい仕事の依頼を意味することがわかる。

(A)「それはおそらく新しい仕事を意味していた」
(B)「すでに夜だった」
(C)「彼女はまったく忙しくはなかった」
(D)「その部屋はとても暗かった」

2.　D（wondered who it was）

解説　「その声（＝留守番電話）が『アン』と言ったのを聞いて、最初アンは」どうだったのかを読み取る。手がかりは「"Ann"」「the voice」など。

6行目「**"Ann?" The voice** sounded familiar but I wasn't sure who it was.（「アン？」その声には聞き覚えがあるように感じたが、だれかわからなかった）」より、それに近い内容の選択肢を選ぶ。

(A)「それがレナであることを言うことができた」
(B)「それがだれか彼女の知らない人であると思った」
(C)「電話をかけた人が間違い電話をしたと思った」
(D)「それがだれだろうと思った」

3. A （Lena was in a hurry to see her）

解説 ◉ 「アンはすぐさまレナに電話した、なぜなら」に続く理由を考える。手がかりは「call」など。

　　直接該当する部分は13行目「I **called** her number right away.（すぐさま、彼女の番号に電話をかけてみた）」だが、その理由はそれより前、9行目の留守番電話のセリフ「Will you **call** me back as soon as possible?（できるだけ早く電話をくれる？）」にある。

　　(A)「レナが彼女に会うのを急いでいた」
　　(B)「レナは彼女が最も会いたくない人物だった」（「the last person」は「彼女が会いたい人の中で最後の人＝最も会いたくない人」と考える）
　　(C)「レナの電話番号は以前と同じだった」
　　(D)「彼女はそのときあまり忙しくなかった」

4. B （didn't need to ask the address）

解説 ◉ 「アンがレナの家に来るよう頼まれたとき、彼女は」どうだったかを読み取る。手がかりは「ask」「Lena's house」など。

　　15行目「When she **asked** me to meet her at **her house**, I agreed. I knew her address. As high school friends, we used to spend lots of time there.（彼女は私に彼女の家で会えないかと頼んできたので、私は同意した。住所は知っていた。高校の友だちとして、私たちはそこで多くの時間を過ごしたのだ）」に近い内容の選択肢を選ぶ。

　　(A)「そこへの道順をたずねたかった」
　　(B)「住所をたずねる必要がなかった」
　　(C)「それがどこだか思い出せなかった」
　　(D)「それがどこだか思い出すのに少し時間がかかった」

5. B （it brought memories of the good, old days back to her）

解説 ◉ 「アンはレナの家に向かう運転を楽しんだ、なぜなら」に続く理由を考える。手がかりは「drive」。

　　19行目「As I **drove** around, memories came back to me.（車で周辺を走っているうちに記憶が戻ってきた）」と、そのあとに続く思い出の具体的な描写から、楽しい思い出がよみがえったと判断する。

(A)「古い町をドライブすることは彼女にとって楽しいことだった」
(B)「古き良き日々の思い出が彼女によみがえった」
(C)「彼女は車を止めて、昔のなじみの場所で何時間も過ごすことができた」
(D)「近隣はもう古く汚いようには見えなかった」

6. D（found everything was the same inside）

解説　「アンがレナの家に着いたとき、彼女は」どうだったかを読み取る。手がかりは「Lena's house」など。

25行目「Lena opened the door before I rang the bell. **The house** was just as I remembered it. I almost expected Lena's mother to walk in and welcomed me even though I knew that her mother was already dead. Lena lived by herself now.（レナは私がベルを鳴らす前にドアを開けてくれた。その家は私が覚えていた通りだった。レナのお母さんがすでに亡くなっていることは知っていたが、彼女が歩いてきて、私を迎えてくれるように思ったほどだった。レナは今、一人暮らしだった）」

(A)「レナの母親が彼女を喜んで迎えてくれるのを待った」
(B)「レナが1人で住んでいることを聞いた」
(C)「ベルを鳴らしてレナを待った」
(D)「家の中はすべてが同じであることがわかった」

7. D（she heard them too often to feel anything about them）

解説　「アンは若かったとき、列車の音をすぐにうるさく感じなくなった、なぜなら」に続く理由を考える。手がかりは「train」「bother」など。

32行目「I remembered that the **train** went by every 20 minutes. At first, it **bothered** me but like the rest of the Dunn family, I soon forgot about it.（列車が20分ごとに通り過ぎることを思い出したのだ。最初の頃はその音がうるさく感じられたが、ダン家の他の人々と同じように、すぐに気にならなくなった）」

(A)「彼女は物事を忘れるのが早かった」
(B)「彼女はダン家が大好きであった」
(C)「彼女はいつもレナの家族と一緒だった」
(D)「彼女はそれらを頻繁に聞いたので、何も感じなくなった」

8.　C（didn't tell her why she wanted to tape her will）

解　説　●　「レナの母親は○○とレナは言った」。レナの母親についてレナが語っているのは、40行目以降。設問文だけでは手がかりが不足しているので、選択肢をそれぞれ検討する。

　　(A)「いつも彼女に自分のために遺書を書くように言っていた」

　41行目「Anyway, my mother always talked about writing a will but she never did it.（とにかく、母は遺書を書くことについてはいつも話していたけど、一度も書いていないの）」から、母親は自分が遺書を書くことについて話していたのであって、レナに遺書を書くように言っていたのではないことがわかる。

　　(B)「遺書を書くことについては何も言わなかった」

　上と同じ文から、母親はいつも遺書を書くことについて話していたことがわかる。

　　(C)「なぜ遺言をテープに録音したがっていたのか彼女に伝えなかった」

　46行目「For some reason, she wanted to tape her wishes, not write them.（どういうわけか、母は自分の望みを書くのではなくて、テープに録音したがったの）」。「For some reason」の内容は、本文からはわからない。「いくつかの理由のために＝何らかの理由で＝どういうわけか」と考えれば、これが正解だとわかる。

　　(D)「よく彼女と死について話した」

　42行目「She said she didn't want to think about death. I didn't want to think about it either, so I didn't say anything.（母は死について考えるのは嫌だって言っていたわ。私もそんなことは考えたくなかったから、何も言わなかったのよ）」から、2人は死について話していなかったことがわかる。

9.　A（didn't leave anything expensive to her brothers）

解　説　●　「遺書の中で、レナの母親は」に続く内容を考える。遺書のテープで語られていた具体的な内容を本文中から探す。

　48行目「She didn't miss anything ─ the jewelry, the pictures, the bank accounts, the car, the house. She was very clear that she wanted my uncles to get some small things and she wanted me to get everything else.（宝石、絵画、銀行の預金口座、車、家、彼女は何一つもらさなかったわ。母はおじたちに小さなものをいくつか残して、他はすべて私に残したいとはっきり言っていたの）」

(A)「彼女の兄弟には高価なものは何も残さなかった」
(B)「彼女の家族にはほんの少しのものしか残したがっていなかった」
(C)「レナのおじたちに宝石を残した」
(D)「レナに必要なものは何でも買うように述べた」

10. C (No trains could be heard though it was over 20 minutes long.)

解説 質問「その探偵はテープについておそらくどんなことに気づいたか？」に対する答えを選ぶ。選択肢をそれぞれ検討する。

(A)「レナの母親は兄弟たちに本当に何も残したくないと思っていた」

これは本文からはわからない。それに、もしアンがそう思ったのなら、61行目で「I can't help you（あなたの手伝いはできないわ）」と断った理由もわからなくなる。

(B)「レナの母親はそれを録音している間、立っていた」

57行目「While I listened, I imagined that her mom was standing in front of me.（私は聞いている間、彼女の母親が私の前に立っていると想像した）」から、母親が立っているというのはアンの想像だとわかる。

(C)「20分以上たったのに列車の音がまったく聞こえなかった」

58行目「The recording was so clear. No noise. Just her mother's voice.（録音はとてもはっきりとしていた。雑音はなかった。彼女の母の声だけだった）」から、これは正しい。録音場所はレナの家（45行目）。にもかかわらず、本来聞こえるはずの列車の音が聞こえないことから、アンはテープについて不審を抱いたのである。

(D)「その声はレナの母親の声のようには聞こえなかった」

59行目「Just her mother's voice.（彼女の母の声だけだった）」から、アンはその声がレナの母親の声だと認識していたことがわかる。

日本語訳

　私が暗い事務所に入ったとたん、留守番電話のライトが点滅しているのが見えた。「ああ、また忙しい日になるわ」と思った。それから、そのライトを見てうれしく思うべきだということを思い出した。だって、それが私のビジネスなのだから ― アン・ライアン、私立探偵 ― 私には仕事が必要だった。
　紅茶を手にして、私はそのメッセージを聞くために座った。
「アン？」
　その声には聞き覚えがあるように感じたが、だれだかわからなかった。
「レナよ。最後に私たちが話したのはいつだったか覚えていないけど、すぐにあなたと話す必要があるの。問題があって、あなたの助けがほしいの。できるだけ早く電話をくれる？　私の番号は以前と同じ、566－1392よ」
　高校の親友、レナだわ！　最後に彼女に会ってから10年かそれ以上たつ。
　すぐさま、彼女の番号に電話をかけてみた。

　レナは最初のコールで電話に出た。彼女はとても悲しそうな声だった。彼女は私に彼女の家で会えないかと頼んできたので、私は同意した。住所は知っていた。高校の友だちとして、私たちはそこで多くの時間を過ごしたのだ。

　近隣は私が覚えていたよりも古く汚いように見えた。車で周辺を走っているうちに記憶が戻ってきた。私たちがよくバレーボールをした公園を通り過ぎた。私たちの高校を通り過ぎた。私は歴史や音楽や数学の授業で過ごした時間を思い出した。私たちがどんなに音楽が好きだったかを思い出した。
　角を曲がると、レナの家が見えた。塗装は新しくされたようだったが、庭は手入れが必要だった。
　レナは私がベルを鳴らす前にドアを開けてくれた。

　その家は私が覚えていた通りだった。レナのお母さんがすでに亡くなっていることは知っていたが、彼女が歩いてきて、私を迎えてくれるように思ったほどだった。レナは今、一人暮らしだった。
　私は周りを見回した。ソファは同じだった。絵でさえ同じものが壁にかかっていた。
　その瞬間、列車が通り過ぎる音が聞こえた。私は１人でほほ笑んだ。列車が20分ごとに通り過ぎることを思い出したのだ。最初の頃はその音がうるさく感じられたが、ダン家の他の人々と同じように、すぐに気にならなくなった。
「何も変わっていないわね」と私は言った。
　レナは少し悲しそうにほほ笑んで、「何も」と言った。

　コーヒーを飲んで少しおしゃべりをしたあとで、レナはなぜ私の助けが必要なのかを

話し始めた。

「私の母が9か月ほど前に亡くなったのを知っているわよね」と彼女は言った。私はうなずいた。「母がいなくなって本当にさみしいわ。母がいないと家の中がからっぽのようなの。とにかく、母は遺書を書くことについてはいつも話していたけど、一度も書いていないの。母は死について考えるのは嫌だって言っていたわ。私もそんなことは考えたくなかったから、何も言わなかったのよ」

「でもある日、母が部屋の中に私を呼んで、あの部屋よ、あそこの、それでテープレコーダーを持ってくるように言ったの。どういうわけか、母は自分の望みを書くのではなくて、テープに録音したがったの。母は1時間くらいテープレコーダーに吹き込んでいたと思うわ。宝石、絵画、銀行の預金口座、車、家、彼女は何一つもらさなかったわ。母はおじたちに小さなものをいくつか残して、他はすべて私に残したいとはっきり言っていたの」

「問題は、おじたちがそのテープが本物ではないと思っていることなの。おじたちは私が彼らをだまそうとしていると思っているの。テープが本物であることを証明するにはどうしたらいいのかしら？ それであなたの助けが必要なの」

「そのテープを聞かせてもらっていいかしら？」と私はたずねた。

レナはうなずいた。「長いわよ。1時間くらい。でもそれで役に立つと思うのなら、どうか聞いて」

レナはテープレコーダーを持ってきて、私はイスに深く座った。私は聞いている間、彼女の母親が私の前に立っていると想像した。録音はとてもはっきりとしていた。雑音はなかった。彼女の母の声だけだった。その時間はあっという間に過ぎた。

テープが終わったとき、私はレナを見た。

「あなたの手伝いはできないわ」と私は言った。

「どうして？」

「このテープには何かおかしなところがあるわ」と私は答えた。

この本の使い方に関するQ&A

Q1 いつごろ取り組めばいいですか？

A1 　入試レベルの長文を理解するためには、単語力、文型・語順の知識、慣用表現の知識がある程度必要です。『速読長文』に出てくる長文を見ても、わからない語句や表現が多く、内容がほとんど理解できない場合は、『短文英単語』で学習して、単語力や文型の知識を身につけることが先決です。

　単語力の目安は、「側注を見て文章の内容がほぼ理解できる」のであればOKです。『短文英単語』を学習することで、入試によく出る300語については100％、500語についても80％以上はマスターできますが、このすべてをマスターしていなくても『速読長文』に取り組むことはできます。『速読長文』の第1、第2章はならし運転のような位置づけなので、この2つの章の問題が解けるか試してみてもよいでしょう。

『速読長文』は学習する目的により、取り組み始める時期は異なります。

①短期間で入試で必要な速読力が必要な場合

　『速読長文』は集中して取り組めば、20日間で終えることができます。入試直前の20日間でも十分間に合います。さらに過去の入試問題に取り組むことで、入試に対応した十分な速読力をつけることができます。

②速読力をつけるために活用する場合

　始める時期はいつでもかまいません。上でも書いた通り、「側注を見て文章の内容がほぼ理解できる」のであれば、小学生でも取り組むことができます。

Q2 くり返し学習する必要はありますか？

A2 　問題を解くのは1回で十分です。くり返し行う必要はありません。しかし、『速読長文』で取り上げた題材は、入試でよく出題されるものです。したがって、入試で同じような英文が出題されることがあります。勉強の目的を変えて、次の方法で再度学習することで、より確かな力がつきます。

①速読力アップのために

　目標タイムを1分間に80語に設定して、もう一度黙読する

②単語力アップのために

意味のわからなかった単語や熟語に印をつけて、その英文をノートに写す

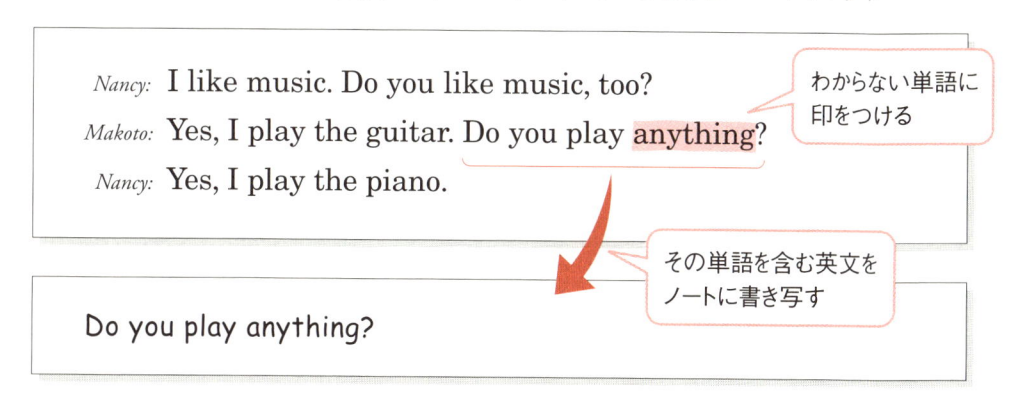

Nancy: I like music. Do you like music, too?
Makoto: Yes, I play the guitar. Do you play anything?
Nancy: Yes, I play the piano.

わからない単語に印をつける

Do you play anything?

その単語を含む英文をノートに書き写す

Q3 どうしても目標タイム以内に読めない場合、どうしたらいいですか？

A3 長文を目標タイム以内に読めないのは、英文の読み方に問題があると考えられます。英語に熟達してくると、いちいち日本語を思い浮かべなくても内容が把握できるようになりますが、この前の段階として、次のように読んでみてください。

My parents decided to move here because my mother's friend lived near here.

この英文を日本語に訳すと、

①母の友人がこの近くに住んでいたので、両親はここに引っ越すことに決めた

となりますが、英文を読む際は、このように日本語に訳す必要はありません。

②両親が決めた/ここに引っ越す/なぜなら/母の友だち/住んでいた/この近くに

のように、英文を頭から読んでいくことが大切です。

　文ごとに分析したり、日本語に訳したりする習慣がついている場合、なかなか速く読めないかもしれませんが、②のやり方を行っていけば、徐々に速く読めるようになります。最初は目標タイムより時間がかかっても、なれさえすれば時間は短縮できます。また、「目標タイム」は英文を最後まで読み通す習慣をつけてもらうために設定したものなので、あまりこだわらないようにしてください。

本多敏幸（ほんだ・としゆき）

1959年東京都生まれ。82年武蔵大学人文学部欧米文化学科卒業。東京都・千代田区立九段中等教育学校教諭。ELEC同友会英語教育学会、英語授業研究学会、東京都教育委員会などで教材や指導方法などの研究開発や教員研修プログラムに携わってきた。都中英研調査部では、最新のテスト理論に基づいた「中英研コミュニケーションテスト」を毎年作成している。過去に私立入試問題分析委員や都立入試問題の新聞解説なども行っている。

「未来を切り開く学力シリーズ」では現在求められる新しい英語力に対応した『本多式中学英語マスター』の『反復基礎』、『短文英単語』と『速読長文』の3冊を執筆。

http://homepage3.nifty.com/toshiyuki-honda/
E-mail ZUK11064@nifty.com

編集協力	田中幸宏
ネイティブチェック	Mary Tadokoro
本文デザイン	浦郷和美
DTP	タイプフェイス
装幀	坂田政則

未来を切り開く学力シリーズ
本多式 中学英語マスター　速読長文

2004年11月25日　第1刷
2024年1月20日　第12刷

著　者	本多敏幸
発行者	大松 芳男
発行所	株式会社 文藝春秋
	東京都千代田区紀尾井町3-23（〒102-8008）
	電話（03）3265-1211
印　刷	大日本印刷
製本所	大日本印刷

・定価はカバーに表示してあります。
・万一、落丁乱丁の場合は送料当社負担でお取替えいたします。
　小社製作部宛お送りください。

©Toshiyuki Honda 2004　Printed in Japan　ISBN978-4-16-366510-8